낭만 세대

워크맨을 듣고 회수권을 내던 낭만의 아이들이 걸어온다

낭만 세대

이동직 지음

교유서가

삶은 뒤돌아볼 때만 그 의미를 알 수 있다.
그러나 우리는 앞을 향해 나아가야 한다
Life can only be understood backward;
but it must be lived forward.
― 쇠렌 키르케고르

들어가며

최빈국의 아이로 태어나, 부유한 나라의 중년으로 살아가는 사람들이 있다. 절대 빈곤을 벗어나던 시기에 태어났고, 말을 배웠다. 그들은 가난한 부모 세대의 기대 속에서 씩씩한 희망을 품고 어린 시절을 보냈다. 식민지와 전쟁의 시절은 끝났다. 학교 앞 문방구와 떡볶이, 구슬치기와 고무줄놀이가 그들의 유년이었다. 카세트테이프로 음악을 듣고 TV를 보며, 사춘기의 낭만을 맞이했다.

낭만 세대는 1960년대와 1970년대에 태어났다. 2차 베이비부머(1964-1974년생)를 포함한다. 현재 60대와 50대에 다다른 사람들이다. 새마을 운동과 경제 개발 계획으로 경제 지표가 자라날 때, 그들의 몸도 커갔다. 〈응답하라 1988〉의 덕선이와 친구들, 〈폭싹 속았수다〉의 금명이를 보며 옛 추억을 떠올리는 이들.

그들은 시간 여행자다. 전혀 다른 시간 두 가지를 경험한다. 어려서는 주판을 배웠고, 지금은 AI를 사용한다. 재래식 변소에서 비데까지 경험했다. 두 시간대를 거침없이 뛰어넘었다. 그들의 부모는 디지털이 어렵다. 그들의 아이는 아날로그를 모른다. 그들은 아날로그 정서를 디지털 언어로 해석할 수 있는 유일한 사람들이다. 아날로그 감성을 그리워하며 디지털의 편리함을 즐긴다. 두 시간대가 한 세대 안에 새겨져 있다. 문화적 이중 언어자들이다.

그들은 회수권을 호주머니에 넣고, 도시락 통엔 분홍색 소시지를 담아 학교에 갔다. '낭만의 90년대'를 청춘으로 맞이했다. 그 시절의 주인공이다. 몸에 새겨진 문화적 모국어는 아날로그 문화다. 그러나 디지털 시대를 살아간다. 그들은 모국어가 그리운 문화적 이방인이다. 낯선 변화의 진행형 속에서 적응하며 살아왔다. 지금 그들은 처음 맞이한 초고령화 사회 앞에서 나이들어가고 있다. 왜 우리는 낭만 세대를 이야기해야 하는가?

사회와 개인의 생애 주기가 일치하는 사람들

낭만 세대는 인격화人格化한 한국 사회다. 그들은 가파른 우상향의 그래프에 올라탔던 사람들이다. 사회의 그래프와 함께 자라났다.

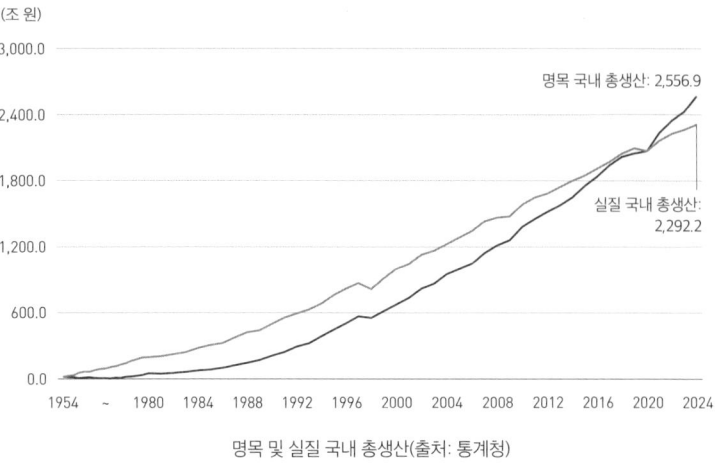

명목 및 실질 국내 총생산(출처: 통계청)

전 세대와는 전혀 다른 시공간에서 출발했다. 시간을 세는 단위가 단기檀紀에서 서기西紀로 바뀌었다. 돈을 세는 방법이 환圜에서 원₩으로 변했다. 국가 주도 경제 개발 계획이 시작된다. 1962년 한 해에 일어난 사건들이다. 서양의 몇천 년이 압축된 근대와 현대가 동시에 들이닥쳤다.

최빈국의 밤 그림자가 걷히고, 새벽마다 개발의 확성기가 소리쳤다. 자고 나면 길이 생기고 건물들은 키를 높였다. 행복한 자와 불행한 자는 구별되었지만, 모두 각자의 희망으로 분주했다. 내일은 모호한 신기루였다. 조금씩 커가던 자아를 처음으로 근대의 거울에 비추어 본 아이들. 그들은 새로운 문화를 호흡하며 유년과 사춘기의 감성을 키웠다.

수천 년의 가난을 뚫고, 사회가 일어나기 시작하던 시기. 성장 그래프가 일제히 기립한 단 한 번의 시절. 모든 숫자들이 불꽃처럼 터져 오르던 그 시절에 태어났고, 걷고, 말을 배우고, 글을 읽기 시작한 사람들. 가장 많은 아이들이 태어나던 낭만의 시절. 그들의 삶을 되돌아보는 것은 한국 사회를 바라보는 또다른 방법이다.

이제 낭만 세대는 추락하는 우하향 그래프와 함께 늙어가고 있다.

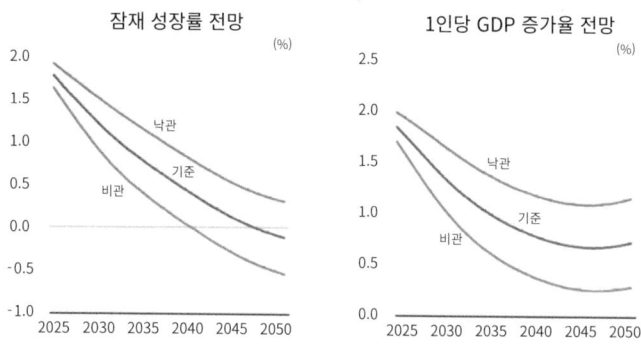

잠재 성장률 전망과 1인당 GDP 증가율 전망[출처 : 한국개발연구원(2025.05.08.)]

    2025년, 대한민국은 초고령화 사회에 진입했다. 국민 다섯 명 중 한 명은 노인이다. 2025년, 1960년에 태어난 이들은 노인이 되었다. 초고령화 사회의 불안한 미래를 경험할 첫 노인 세대가 낭만 세대다. 젊음은 짧고, 꽃은 시든다. 경제 전망은 어둡다. 출산율은 바닥이고, 자살률은 천장을 향한다. 성장은 가라앉고, 미래는 불안하다. 사회의 모든 지표가 정점을 찍고 하락하기 시작할 때, 그들의 몸은 중년을 지난다. 쇠락을 경험한다.

    사회의 성장 곡선과 개인의 성장 주기가 일치했고, 사회의 하향 곡선과 개인의 생애 주기가 일치한다. 사회와 함께 성장했고, 그 사회와 함께 하락을 준비하는 사람들. 그들의 삶을 말하는 일이 한국 사회를 이야기하는 방법이다. 개인은 만날 수 있지만, 사회는 직접 볼 수 없다. 인격화한 한국 사회. 낭만 세대를 이야기하려는 이유다.

낭만의 90년대, 청춘으로 빛나던 사람들

그들은 지금 이곳을 만든 사람들이다. 우리가 현실에서 경험하는 것들은 대부분 1990년대에 시작되었다. 1990년대, 낭만 세대는 아직 청춘이었거나, 이미 청춘이었다. '낭만의 90년대'를 검색창에 넣어보면, 다양한 콘텐츠들이 쏟아진다. 그 시절을 겪어본 적 없는 젊은이들도 90년대를 낭만이라고 부른다. 90년대, 문화의 혁명이 시작되었다. 사람들은 PC방과 노래방에 모였다. '서태지와 아이들'의 세계가 열렸다. 방화邦畵라고 불리던 한국 영화는 흥행 기록을 만들었다. 낭만 세대는 낭만의 90년대를 단 한 번의 젊음으로 불태웠다.

역사란 한 시대가 다른 시대에서 주목할 만하다고 여기

는 어떤 것이다.

—야코프 부르크하르트

세기말이었다. 1990년대, 한 세기가 끝나가고 새로운 세기가 다가왔다. 모두는 불안했다. 모든 것은 변해야 했고, 모든 것은 변했다. 그 결과가 '지금, 여기'다. 사람들은 그전과 다르게 생각하고, 다른 방식으로 소통했다. 세대를 이어온 삶의 지혜들은 교정되어야 했다. 정답 중 많은 것들이 오답이 되었다. 혼돈의 세기말, 마침 그들은 불안한 청춘이었다. 지나간 것들의 마지막과 새로운 것들의 시작을 힘들게 통과했다. 현재의 기원이 궁금하다면, 그 시절에 주목하면 된다.

20세기의 마지막을 살아냈고, 21세기의 처음을 마주했다. 2001년, 영화는 "사랑이 어떻게 변하니?"라고 물었다 (영화 〈봄날은 간다〉). 모든 변화는 질문으로 시작되기 마련이다. 사람은 바뀌기 어렵고, 사랑은 변하지 않아야 한다. 다만, 세월은 흐르고 시간은 머무르지 않는다. 세상은 언제나 한결같이 변한다. 인간은 관계 속에서만 인간이며, 사랑은 모든 관계의 최상급이다. 세상이 변했으니, 관계는 다시 시작된다. 사람도 사랑도……. 모든 것은 변했고, 떠나갔다.

떠나간 것들은 그리움을 남긴다. 낭만 세대는 그립다. 마을이, 골목이 있었다. 사람과 사람은 눈을 보며 이야기했다. '함께'라는 단어가 있었다. 그리고 이 모든 것을 천천히 떠올려볼 수 있는, '무료함'이 있었다. 아이들은 아득히 심심하기도 했다. 버스에 올라타면, 차창 밖 풍경은 소리 없이 뒤로 흘렀고, 생각들은 가라앉았다. 손바닥에 올려둔 스마트폰 화면에 집중하지 않아도 될 자유가 있었다. 시간은 조금 느리게 흘렀고, 나는 좀더 나에게 집중할 수 있었다. 다시는 만날 수 없는 것들이다.

낭만이라는 이야기

낭만은 언제나 이야기의 형식으로 모습을 드러낸다. 낭만浪漫은 프랑스어 로망Roman에서 유래했다. 일본어 발음으로는 로망이지만 한자를 그대로 읽어 낭만이 되었다. 동일한 어원에서 나온 단어들은 소설, 이야기, 서사라는 의미를 갖는다. 독일어 '빌둥스로만Bildungsroman'은 성장 소설이라고 번역된다. 낭만은 로망이며 로망은 이야기다. 생각해보면 낭만은 현실을 벗어난 이야기였다. 이야기의 내용은 대부분 현실에서 벗어난 꿈이나 추억이다.

꿈과 추억은 이야기로 표현된다. 이야기는 인간을 어떤 인격으로 만든다. 인간은 자신이 알고 있는 서사敍事에 맞추어 세상을 만나고, 삶을 계획한다. 백마 탄 왕자 이야기로 삶을 배운 소녀는 적을 물리치는 영웅 서사로 세상을 바라보는 친구와 다른 인생을 살게 된다. 그 시절, 아이들은 열두 척 배로 적을 물리친 이순신 이야기를 듣고 자랐다. 세상은 싸움의 대상이었고, 가장 중요한 무기는 정신력이었다. 세상과, 그리고 자기 자신과 이를 악물고 싸웠다.

경험된 사건은 유한하지만 기억된 사건은 무한하다.

―발터 벤야민

기억은 언제나 다르게 적힌다. 사실은 동일하지 않다. 지금의 한국 정치를 어떻게 바라보는지에 따라, 지난 시절의 민주화 과정은 다른 기억이 되고 전혀 다른 이야기로 해석될 것이다. 인간은 과거의 눈으로 미래를 계획한다. 누구나 기존에 알고 있는 언어로 현실을 해석하고 그 다음을 생각하기 때문이다. 비슷한 기억으로 과거를 함께 이야기하는 사람들은 서로를 공감의 언어로 받아들인다. 사라져가는 것들, 지나온 길들, 공동체가 '함께' 이야기해야 하는 이유다.

낭만 세대는 언제나 지나간 것들의 마지막이었고, 새로운 것들의 처음이었다. 마지막과 처음은 현재에서 만난다. 현재는 과거의 마지막이며 미래의 처음이기 때문이다. 그렇게, 낭만 세대는 수없이 많은 '현재'를 버텨왔다. 다시 맞이한 현재는 갈등 사회다. 사람들은 쉽게 분노하고 일상은 혐오로 가득하다. 갈등의 공동체를 고민하는 것은 어른이 된 그들의 몫이다. 뒤따라오는 세대의 경험에 공감하며 공동체의 서사를 함께 이야기해야 한다. 낭만 세대의 이야기와 지금 젊음이 말하는 이야기를 비교해보려는 또다른 이유다.

좌절과 분노의 세상에서 희망은 다양하게 시도되어야 한다. 이제, 낭만 세대의 이야기를 시작한다. 이것만으로도 의미가 있을 것이라 생각한다. 고독은 낭만의 길잡이다. 그들이 외롭지 않기를, 조금 더 고독할 수 있기를 바란다. 지금이 힘든 청년들도 언젠가 그들처럼 나이를 먹을 것이고,

돌아볼 것이며, 그리워할 것이다. 현재는 언제나 힘들고, 돌아보면 빠짐없이 아련하다. 낭만 세대의 이야기가 어떤 시간들을 지나온 사람들과 지나갈 사람들 모두에게 위로가 되길 바란다.

책을 쓴다는 것은 내 안에 있는 것들을 다시 읽는 일이었다. 내 삶을 재독再讀할 기회를 준 출판사 교유당과 신정민 대표에게 깊이 감사한다. 모든 글의 첫 독자는 사랑하는 나의 아내 성은이었다. 그녀와 나 사이에서 자라날 낭만을 상상해본다.

모든 것에 감사한다. 시간이 조금 더 늙어간다. 그뿐이다.

2025. 6. 30.
이매동 서재에서

차례

들어가며 _7

1. 낭만의 탄생 _ 금요일에 태어난 아이들 _21

> 덧셈의 시대, 뺄셈의 사춘기 _22
> 데미안을 읽던 시절 _29
> 별이 빛나던 밤 _40
> 호환, 마마보다 무서운 것 _51
> 그 시절, 우리가 두고 온 이야기 _62

2. 낭만의 폭발_세기말 불안, 청춘의 혼란_74

Y2K?_76
장국영이 죽었다_87
미리 찾아온 종말_98
우리는 욕망을 통일했다_112
고련복을 입은 민주 투사_126
서른 살, 청춘의 이야기_139

3. 낭만을 위하여_공감의 상상_149

새드엔드 세대_151
하면 된다―성실한 능력주의자_161
되면 한다―공정한 차별주의자_173
공감의 공동체_189
낭만 세대라는 이야기_200

1장. 낭만의 탄생_금요일에 태어난 아이들

이것은 금요일에 태어난 사람들의 이야기다. 사람들은 이상하다. 바쁜 업무로 정신없는 금요일이 하루종일 빈둥거린 일요일보다 좋다. 어찌 보면 당연한 일이다. 낭만 세대가 태어난 60, 70년대에도 금요일은 곧 다가올 토요일 오후와 휴일에 대한 기대로 설레는 날이었다.

요즘 흔히 쓰이는 '불타는 금요일'이란 말은 금요일에 대한 정서를 정확히 표현한다. 그렇게 사람은 다가올 일에 대한 예측으로 현재를 살아간다. 미래에 대한 걱정은 현재를 공포로 채우기도 한다. 미래는 현재보다 좋을 것이라는 예측은 현재를 이미 즐겁게 만든다.

이 책의 주인공 낭만 세대는 60년대와 70년대에 태어난 이들이다. 그들은 희망으로 설레던 금요일에 태어났다. 유년의 기억을 빈곤의 언어가 아닌 놀이의 언어로 말할 수 있는 첫 세대다. 전쟁의 참상을 걷어내고 경제가 자라나기 시작할 즈음, 그들은 태어났고 자라났다.

부모 세대의 유년은 피난 행렬과 배고픔의 기억이다. 낭만 세대는 말뚝박기와 고무줄놀이를 기억한다. 학원 버스는 없었다. 학교 앞은 아이들의 유토피아였다. 문방구점 앞에는 뽑기가 있었고, 아이들은 딱지를 골랐다. 그들의 유년은 이 땅에서 처음 태어난 낭만이었다.

'아이들은 부모보다 잘살게 될 것이다.' 모두 그렇게 기대했다. 그때의 그 아이들이다. 물론 모두가 풍요의 시대를 맞이한 것은 아니다. 어떤 이들은 여전히 가난하고, 누군가는 넘치는 부를 경험했다. 다만 모두가 더 좋은 날을 기대하고 있었다. 그 희망의 기운이 바로 낭만 세대의 배경이다.

덧셈의 시대, 뺄셈의 사춘기

금요일에 태어난 그들은 언제나 한 주의 마지막과 다음 주의 경계에서 살아왔다. 마지막과 처음을 함께 경험한다. 지나가는 것들과 다가오는 것들의 경계에서 현재를 맞이했다. 삐삐라고 부르던 무선 호출기의 유행과 사라짐을 목격했고, 스마트폰을 사용한다. 공중전화 앞에서 줄을 서던 그들은 이제 영상 통화 버튼을 누른다. 카세트테이프를 빨리 감으려고 연필을 꽂아 돌리던 이들이 이제 스트리밍으로 음악을 듣는다. 변화에 놀라지 않는다. 그들이 지나온 삶의 배경은 처음부터, 언제나, 기적 같은 변화였다.

그들이 자라는 동안, 세상은 자주 다른 모습으로 얼굴을 바꾸었다. 그들의 기억 속 세상은 여러 개다. 몇 개 세대가 경험했을 법한 시간의 무늬가 그 안에 새겨져 있다. 희망의 얼굴을 하고 찾아온 새로운 시대. 그곳에서 태어나고 자라난 아이들. 그들은 새로운 글을 읽고, 예전과 다른 음악을 들었다. 처음으로 영상을 보며 사춘기의 감수성을 채웠다. 이 땅에서 태어나고 자라난 최초의 낭만이었다. 낭만의 탄생을 이야기해본다.

모든 탄생에는 부모가 있기 마련이다. 그들의 낭만은 부모 세대의 희생을 딛고 탄생했다. 부모들은 식민지의 흔적과 전쟁의 참혹함을 겪었다. 하루의 끼니를 위해 모든 것을 바쳐야 했던 세대. 낭만 세대의 부모들은 청년기 또는 유년기에 직접 또는 간접적으로 한국전쟁을 경험했다. 전쟁과 절대 빈곤을 겪은 사람들. 자식들을 먹이고 입히는 일에 간절하던 세월. 자식들은 나와 달라야 한다는 생각으로 버텨 낸 삶. 그들에게 삶이란 무엇이었을까?

부모 세대의 삶에서 낭만을 찾을 수 있을까? 어느 세대나 그들만의 낭만을 주장할 수 있을 것이다. 다만, 삶이 생존과 동의어이던 그 시간들을 낭만이라고 부르기는 쉽지 않아 보인다. 아이들을 길러내야 한다는 숭고한 강박으로 하루를 버텨내던 사람들. 그 시대의 그 아이들은 이제 중년을 넘어서고 있다. 그때 그 부모의 나이가 되기도 했고, 이미 그 나이를 지나기도 했다. 낭만 세대의 낭만 속에는 피어나지 못한 부모 세대의 낭만적 삶이 조금은 깃들어 있을 것이다.

한국의 놀라운 성장을 빼고 20세기 역사를 논할 수 없다.
—피터 드러커

부모 세대는 자식들의 삶 속에 나무를 심어놓았고, 낭만 세대는 그 나무 그늘에 앉아 낭만적 삶을 기획했다. 낭만은 처절한 밥벌이의 고난에서 어느 정도 벗어나야 가능하다.

'한강의 기적'은 1960년대부터 1980년대까지 일어난 대한민국의 급격한 경제 성장을 표현하는 말이다. 낭만 세대가 태어나고 걷는 법과 말하는 법을 배워 청년이 되어가던 시기, 대한민국은 '덧셈의 시대'였다. 모든 수치들은 불어나고, 세상은 앞으로만 질주했다.

한강의 기적은 말 그대로 기적이었다. 세계에서 가장 가난한 농업 국가 대한민국은 산업화한 경제 대국으로 급변했다. 1953년 13억 달러에 불과하던 한국의 명목 국내 총생산(GDP)은 62년 사이에 1천1백15배 증가했다. 2024년에 이르러 한국의 GDP는 약 1조8천6백89억 달러(약 2천5백49조1천억 원)로 전 세계 13위권이다. 지구상에서 가장 못사는 국가 중 하나였던 한국이 세계 10위권 수준의 경제력을 지니게 된 것이다.•

기적을 만든 국민은 군인처럼 일했다. 새마을 운동의 리듬은 군가였다.

• 「전쟁 잿더미 딛고 경제 111배 성장…… 불꽃처럼 달려온 한국」, 〈매일경제〉, 2015. 1. 1.
「한국 1인당 국민 소득 3만6624달러…… 일본 또 제치고 세계 6위」, 〈한겨레〉 2025. 3. 6.

새벽종이 울렸네, 새 아침이 밝았네, 너도나도 일어나 새마을을 가꾸세.

—〈새마을 노래〉에서

    20-50클럽이란 1인당 국민 소득 2만 달러 이상, 인구 5천만 명 이상의 기준을 동시에 충족한 강국強國을 지칭하는 말이다. 이 단어가 처음 쓰인 2010년대, 기준에 해당되는 국가는 미국, 영국, 프랑스, 독일, 이탈리아, 일본 그리고 대한민국 7개국뿐이었다. 한국을 제외하면 2차세계대전 당사국들로, 20세기를 강대국의 지위에서 시작한 나라들이다. 우리는 당시 일본의 식민지였고, 최하위 빈민국이었다. 이런 기적은 다시 찾기 힘들다.

    2차 경제 개발 5개년 계획(1967-1971년) 기간 동안 한국 경제는 본격적인 고도 성장기에 접어든다. 3차 경제 개발 5개년 계획(1972-1976년) 기간에는 경부고속도로를 건설하고 포항 제철을 완공하며, 산업의 기틀을 닦았다. 40여 년이 흘렀다. 한국은 성장의 경험을 전수하는 국가가 되었다.* 그

• 〈매일경제〉 같은 기사.

때 그 아이는 중년이 되었다. 아이의 나이와 경제의 숫자는 비슷한 속도로 더하기를 반복했다. '덧셈의 시대'였다.

그들은 경제 성장의 과실을 받아먹은 첫 세대다. 낭만 세대는 한강의 기적을 경험했으나 참여하지는 않았다. 그 시기엔 아직 아이였거나, 청소년이었다. 새마을 운동과 경제 개발 계획의 국가 동원 경제는 어른들의 행군과 함께 성장했다. 그들은 어른이 아니었다. 경제 성장의 기적이 절정을 향해 달려가던 시기. 그들은 경제 성장의 역군인 부모 밑에서 유년기와 청소년기를 보냈다. 부모 세대가 이룩한 기적 같은 성장에 올라탄 채 사춘기를 맞이했다.

잘 살아보세, 잘 살아보세, 우리도 한번 잘 살아보세.
―〈잘 살아보세〉에서

'우리도 한번 잘 살아보자'는 열망이 들끓었다. 국가는 단순한 구호를 퍼트리며 사람들을 한 방향으로 몰아댔다. '우리도 한번 잘 살아보세.' 대를 이어가며 가난하던 땅에 명확한 시대의 구호를 뿌렸다. 아무도 잘 사는 것의 의미를 묻지 않았다. 밥을 먹고 아이를 가르치는 것이 잘 사는 일이었다. 가난이 명징했으므로, 삶의 목표도 명확했다. 아이들은 누구나 물음표로 세상을 바라보는 시기를 건너기 마련이다. 어느 날 밤, 아이는 잘 사는 것이 무슨 뜻인지 궁금하기도 했다.

경제는 커갔고, 사회는 변했다. 세상이 바뀌니 문화도 변했다. 변화한 세상은 새로운 즐거움을 찾는다. 문장이 바뀌고, 낯선 음악이 나타났다. 영상 문화가 태어났다. 변화한 문화는 다시 세상을 변화시켰다. 삶의 방식도 바뀌어야 했다. 아이는 부모의 삶을 따라 살 수 없게 되었다. '뺄셈의 사춘기.' 그들의 사춘기는 이 땅에서 오랫동안 지속되어온 삶의 방식들을 조용히 덜어냈다. 낭만 세대는 이 모든 변화를 몸으로 흡수했다.

청춘의 감수성이 국가적 총동원령을 만났을 때, 그때 대한민국 최초의 낭만이 시작된다. 덧셈의 시대. 모든 것이 확장되고, 모든 지표가 매 순간 우상향하던 바로 그때, 그들은 유년을 지나고 사춘기를 맞이하며 감수성의 최극단을 경험한다. 팽창하던 자아는 밤마다 나를 찾아 뺄셈을 반복했다. 넘쳐나던 도시의 아이들. 출렁이던 사춘기의 밤은 새로운 시대의 문학과 음악과 영상을 맞이한다.

데미안을 읽던 시절

바다는, 크레파스보다 진한, 푸르고 육중한 비늘을 무겁게 뒤채면서, 숨을 쉰다.

—최인훈, 『광장』 첫 구절

물결 랑浪에 질펀할 만漫. 낭만. 그 이름에서는 물결치는 바다와 바다를 바라보는 이의 호흡이 느껴진다. 문학 평론가 김현의 말처럼 1960년대는 시작되었다. "정치사적인 측면에서 보자면 1960년은 학생들의 해였지만, 소설사적인 측면에서 보자면 그것은 광장의 해였다고 할 수 있다." 아이들은 커가며 글을 배운다. 시대의 글을 읽는다. 글은 생각을 만든다. 어떤 세대의 이야기를 시작하기 위해, 그 세대가 읽던 글들을 생각해본다.

'우리가 읽은 것은 우리가 된다.' 책은 정체성을 만들어가는 재료다. 그들은 무엇을 읽으며 정서와 가치관을 만들어왔을까? 60년대와 70년대. 시대는 아이들이 살아갈 경제적 조건을 만들었다. 경제적 조건만큼 중요한 삶의 조건은 정신적 토대다. 한국어 문학의 새 시대가 열렸다. 새로운 글들이 태어났다. 아이들은 예전과 다른 것들을 읽는 첫 세대가 된다. 처음으로 한국어 소설을 읽으며 사고의 성장판을 키운다.

1960년대, 한국 문학의 혁명이 시작된다. 그 결과물들은 낭만 세대의 정체성이 된다. 인간은 오로지 언어로 생각을 만들기 때문이다. 1960년대 한국 문학은 이전과 다른 몇 가지 특징을 갖는다. 첫째, 한국어로 창조된 문학이다. 그전에 쓰인 한국 문학도 한국어로 쓰인 문학일 것이다. 하지만 처음부터 한자나 일본어가 아닌 한국어로 사고하고, 모국어로 생각을 뭉쳐내어, 한글로 그 사유를 풀어낸 문학은 1960년대가 처음이다.

이전 세대 지식인들은 어려서 일본말을 배웠다. 사유의 바탕이 일본말로 구성되었다. 김동인은 "구상은 일본말로 하니 문제 안 되지만, 쓰기를 조선글로 하려니 조선말을 얻기 위해 많은 시간을 소비하고 있다"고 말했다. 이인직은 최초의 한글 소설을 연재하기 전 한자에 조선말 음을 단 기이한 소설을 썼다. 이런 고뇌를 거쳐 근대 한국어가 만들어졌다. 한국어는 낯설고 '외래적'인 것이었다. 한국말이 수용한 근대화가 아니라 한국말이 근대화의 산물이었다.*

한자에 의지하던 조선의 그늘을 벗어났다. 일본말과 일본 글자에 갇혀 있던 식민 시대가 끝났다. 1960년 대학 생활을 시작한 이청준, 김승옥, 김현, 염무웅, 김광규 등은 처음부터 우리말로 사고하고 그 사유의 결과물을 한글로 표현했다. 마침 시대는 4·19 학생 혁명, 5·16 군사 정변이었다. 학생 혁명의 불길. 혁명 다음 바로 찾아온 혁명의 실패. 젊음의 좌절과 회의. 젊음은 빛나는 가능성과 차가운 허무를 차례로 경험했고, 문학의 재료는 넘쳐났다.

작가 최인훈은 소설 『광장』의 서문에서 문학의 숙명을 말한다. "아시아적 전제의 의자를 타고 앉아서 민중에겐 서구적 자유의 풍문만 들려줄 뿐 자유를 '사는 것'을 허락지 않았던 구정권하에서라면 이런 소재가 아무리 구미에 당기더라도 감히 다루지 못하리라는 걸 생각하면서 빛나는 4월이 가져온 새 공화국에 사는 작가의 보람을 느낍니다." 문학은 시대의 언어로 쓰인다. 1960년대 이후, 산업화, 도시화, 개인화로 대표되는 사회의 급변은 고뇌하는 근대적 개인을 말하기 시작한다. 60년대 이후 시작된 한국 문학의 특징 두

• 「일본어로 쓰인 조선 문학의 정체」, 〈한겨레21〉, 2020. 5. 3.

번째다.

기막히게 찾아온 급변의 사회상을 문학은 포착해낸다. 낭만 세대는 한국어를 배우고 한글로 쓰인 책을 읽기 시작한다. 그들의 어린 감수성은 60년대 작가들이 미리 그려놓은 시대의 정밀화로 세상을 상상한다. 근대적 개인과 함께 불안하고 아프다. 자신의 미래를 예견했는지도 모른다. 그들은 어떤 문학을 경험했을까? 상승하던 사춘기의 정서와 젊음의 막연함 앞에 서 있던 문장들 몇 개를 확인해본다. 확인해야 할 문장들 중 가장 앞에는, 어쩌면 당연히도, '스물세 살 김승옥'이라는 '감수성 혁명'이 있다.

> 아침에 잠자리에서 일어나서 밖으로 나오면, 밤사이에 진주해온 적군들처럼 안개가 무진을 빙 둘러싸고 있는 것이었다. 무진을 둘러싸고 있던 산들도 안개에 의하여 보이지 않는 곳으로 유배당해버리고 없었다. 안개는 마치 이승에 한恨이 있어서 매일 밤 찾아오는 여귀女鬼가 뿜어내놓은 입김과 같았다. 해가 떠오르고 바람이 바다 쪽에서 방향을 바꾸어 불어오기 전에는 사람들의 힘으로써는 그것을 헤쳐버릴 수가 없었다. 손으로 잡을 수

도 없으면서도 그것은 뚜렷이 존재했고 사람들을 둘러 쌌고 먼 곳에 있는 것으로부터 사람들을 떼어놓았다.

—김승옥, 「무진기행」에서

  얼마나 많은 문학청년들이 김승옥의 문장을 필사하며 청춘의 빈 종이를 채웠는지 셀 수 없다. 외롭고 쓸쓸하게 쓰러지듯 쓰인 문장들 속에는 도시와 근대를 맞이한 사람들의 충격이 숨어 있다. 사람들은 고향의 풍속을 버리고 낯선 도시의 신세계를 낭만적 얼굴로 바라본다. 삶의 기준들은 사라지고 안개 같은 모호함이 삶을 뒤덮는다. 사람들은 이제 모호한 사랑이 아니라, 빛나는 서울을 바라본다. 「무진기행」의 주인공 윤희중처럼 말이다.

  사람들은 어떤 곳으로부터 자신을 떼어놓아야만 했다. 오래된 공동체는 과거로 유배되었다. 사람들은 도시로 몰려들었고, 삶의 근거는 안개 속을 헤매듯 흐릿했다. 근대화는 새로운 물질문명을 내놓았지만, 헤쳐낼 방법 없는 불면의 밤도 함께 찾아왔다. 평범한 단어로는 표현할 수 없는 낯선 불안이 아름다운 감수성으로 전달된다. 사람들이 밟고 지나가며 만들어놓은 단단한 땅은 꺼지고 있었다. 그들은 자신들이 감당해야 할 의미와 가치의 혼란이 미리 슬펐을지도 모른다.

1970년대, 문학은 군사 정권의 시대상과 도시 빈민의 삶을 돌아보기 시작한다. 1973년 발표된 황석영의 「삼포 가는 길」과 1974년부터 1975년까지 〈신동아〉에 연재된 이청준의 『당신들의 천국』은 빈곤 탈피를 향한 국가적 총력전이 남긴 시대의 흉흉함을 언어로 풀어낸다. 고향을 상실하고 부랑하는 주인공들은 가상의 공간 삼포를 향해 귀향한다. 길은 있으나, 기대는 무너진다. 어쩌면 이제 돌아갈 고향은 존재하지 않는다(「삼포 가는 길」).

이청준의 『당신들의 천국』은 2003년 이미 1백 쇄를 넘겼고, 50만 권 이상 팔린 베스트셀러다. 나환자들의 섬에 병원장으로 부임한 조백헌 대령과 보건과장 이성욱을 중심으로 이어지는 이야기는 박정희 군사 정권과 경제 개발 5개년 계획의 은유로 읽히기도 한다. 당신들의 천국과 우리들의 지옥이라는 구도는 이후 한국사를 바라보는 중요한 시선으로 작동한다. 1970년대 시작된 도시 빈민 소설의 스테디셀러는 누가 뭐래도 1978년 출간되어 1백만 권 이상 판매된 조세희의 『난장이가 쏘아올린 작은 공』일 것이다.

『난장이가 쏘아올린 작은 공』은 도시 빈민층인 난장이의 비극적 가족사를 통해 70년대 급격한 산업화와 그로 인한 빈부 격차와 같은 사회 문제를 보여준다. 불평등의 문제는 이후 낭만 세대의 대학 시절, 사회 참여의 화두가 된다. 같은 마을에서 태어나 함께 농사를 지으며 살던 평등한 빈곤의 공동체 대한민국이 사라지고 있었다. 극단적 불평등의 어두운 미래가 다가왔다. 낭만 세대는 불평등의 지옥을 책으로 먼저 접하고, 성년이 되어 몸으로 경험한다.

문학반, 문예반, 시화전, 문학의 밤…… 지금은 찾기 힘든 단어들이 중고등학생들의 일기장에 쓰여 있었다. 70년대와 80년대, 청소년들은 시와 소설을 스스로 찾아 읽기도 했다. 조숙한 아이들은 몇몇 문장을 외웠고, 어른이 되는 길을 책에게 묻기도 했다. 인터넷 게임이나 스마트폰은 공상 과학 소설에서도 찾기 힘들었다. 책 읽기는 가장 대중적인 취미였다. 도서 대출 카드에서 심심치 않게 친구의 이름을 발견하곤 했다. 지금과 비교해본다면 모두가 문학청년이었다. 성장하는 아이들은 문학을 옆에 두었고, 문학은 성장을 이야기했다.

성장 소설은 단순히 아이가 어른이 되어가는 이야기가

아니다. 개인이 자아를 형성하고, 세계와 관계하는 법을 모색하는 서사다. 성장 소설의 이야기는 소설을 읽는 아이에게 성장을 통한 관계의 변화와 성숙의 여정을 미리 알려주기도 한다. 헤르만 헤세의 소설 『데미안』은 그 시절 대표적인 성장 소설이었다. 누군가에게는 사춘기의 자아 찾기를 비추던 등대였다. 여전히 몇 문장만으로도 그 시절의 순수하던 혼란을 느낄 수 있을 듯하다.

> 나는 내 속에서 스스로 솟아나는 것, 바로 그것을 살아
> 보려 했다. 그것이 왜 그토록 어려웠을까?
> ―헤르만 헤세, 『데미안』에서

『데미안』의 첫 문장은 '나'에 대한 질문으로 시작한다. '나'는 무엇인가? 어쩌면 그것은 부모 세대와는 다르게 살아야 하는 그들 세대 전체를 향한 질문이다. 헤르만 헤세의 문장들은 영지주의gnosticism의 영향을 받았고, 카를 융Carl Jung 심리학의 핵심 개념인 자기Selbst에서 많은 부분을 차용한다.• 카를 융에 의하면, '자기'는 평생에 걸쳐 찾아야 할 통합의 과제다. 당시 헤세의 문장을 읽으며 '나'를 고민하

던 그들은 알았을까? 빛의 속도로 변하고 있던 대한민국이라는 공간. 그들은 처음으로 그곳에서 '나'라는 '낭만'을 스스로 찾아야 할 세대였다.

권력은 군인에게 있었고, 시대는 어수선했다. 하지만 어떤 경우에도 청춘은 스스로 빛날 방법을 찾는다. 그들의 젊은 날에는 시詩가 있었다. 문학청년들은 시 몇 편쯤은 외웠고, 그렇지 않은 경우에도 시가 익숙했다. 연애는 청춘의 징표이기 때문이다. 지금의 연애와는 많이 달랐다. 연애의 시작은 대부분 연애 편지였다. 편지지에 눌러 쓴 설렘으로 감정은 키를 높였다. 몇몇 시 구절이 감정의 온도를 전하곤 했다. 대학생들은 대학 학보에 흰 종이를 두른 후 안쪽에 연애시를 적어 보냈다. 이해인, 도종환, 서정윤의 시 몇 구절은 누구에게나 낯설지 않았다.••

그 시절 가장 많이 낭송되던 시는 「목마와 숙녀」였다. "한 잔의 술을 마시고 / 우리는 버지니아 울프의 생애와 / 목

• 자세한 내용은, 미구엘 세라노, 박광자·이미선 옮김, 『헤세와 융』, 북유럽, 2021 및 헤르만 헤세, 이인웅 옮김, 『데미안』 중 신혜선, 「데미안 깊이 읽기」, 지식을 만드는 지식, 2025 참조.
•• 「사랑 표현법 달라도 고민의 흔적은 같다」, 〈한국일보〉, 2017. 4. 5.

마를 타고 떠난 숙녀의 옷자락을 이야기한다"로 시작하는 「목마와 숙녀」는 신곡 카세트테이프의 감초였다. 군부 독재는 카세트테이프 마지막 트랙에 의무적으로 '건전 가요'를 끼워 넣도록 했다. 가수 박인희가 낭송한 이 시는 카세트테이프의 마지막을 채우는 용도로 자주 활용되었다.* 연애 감정과 군부 독재는 이렇게 각각의 방식으로 시를 대중화시키고 있었다.

시가 읽히던 시절이었다. 낭만 세대는 이성복의 『뒹구는 돌은 언제 잠 깨는가』, 황지우의 『어느 날 나는 흐린 주점에 앉아 있을 거다』, 정호승의 『외로우니까 사람이다』, 최영미의 『서른, 잔치는 끝났다』, 기형도의 『입 속의 검은 잎』 등의 시집을 베스트셀러로 만들었다.** 급격한 산업화와 군사 정권의 그늘 속에서 그 시절의 젊음들은 시를 읽으며 위로를 받았다. 가끔은 시의 언어가 세상 너머에 있는 무엇을 꿈꾸게도 했다.

---

* 「'목마와 숙녀' 박인환은 역사 현실 의식 강한 시인이었죠」, 〈한겨레〉, 2023. 10. 10.
** 「죽은 시인의 사회?…… 스테디셀러 시집의 존재감」, 〈서울신문〉, 2016. 4. 14.

'우리가 읽은 것은 우리가 된다'. 낭만 세대의 독서는 무엇이 되었는가? 알퐁스 도데의 「별」과 너새니얼 호손의 「큰 바위 얼굴」은 교과서에 오랫동안 실려 있었다. 사춘기를 데우던 첫사랑의 정서와 성숙한 인간에 대한 동경은 학교에서 배워야 할 가치였다. 젊음에게는 다른 것도 필요하다. 누구나 반항과 고뇌를 거치며 어른이 되어간다. 「별」과 「큰 바위 얼굴」이 실린 교과서를 읽던 그들 중 몇몇은 훗날 변혁을 꿈꾸며 사회 과학 서적에 몰두하기도 한다.

1960년. 최인훈의 『광장』 속 주인공은 남과 북, 광장과 밀실, 이상과 현실, 두 기둥 사이 공간, 그 진공의 허무를 견디지 못한다. 바다에 몸을 던졌다. 1960년대부터 태어난 금요일의 아이들은 시대의 언어를 읽으며 자라났다. 군부 독재의 밀실에서 청소년기를 보냈고, 광장의 자유를 꿈꾸었다. 그들은 청년이 되었다. 시대의 진공 속에 자유의 숨결을 던졌다. 1980년대. 검은색 잉크가 번진 광장은 그들의 붉은 피로 물들었다.

민주주의는 자기 삶의 주인이 되려는 시민들의 욕망으로 시작된다. 삶의 주인이 되어야 한다고 권하던 낭만적 문장들. 나에 대한 물음표를 품게 한 시어들. 새로운 글을 읽고 자라난 첫 세대. 그들에게 민주주의란 그렇게 자연스러웠다. 그들은 이제 중년을 넘어서고 좀더 낯설게, 좀더 가깝게 자신을 들여다볼 시간이 다가온다. '나'라는 '낭만'을 찾아가는 과정은 어쩌면 민주주의보다 더 어려울지도 모른다.

별이 빛나던 밤

만약 당신이 아름다운 별빛 아래에서 밤을 지새운 적이 있다면, 당신은 모두가 잠든 시간에 또하나의 신비로운 세계가 고독과 정적 속에서 깨어난다는 사실을 알고 있을 것입니다.

― 알퐁스 도데, 「별」에서

별이 빛나는 밤에는 감성이 지배하는 새로운 세상이 열린다. 그것은 청춘의 세계다. 청춘은 어느 시대나 나름의 밤을 가지기 마련이다. 밤은 별과 어울리며 독특한 색으로 젊은 날을 묘사한다. 그 시절 밤마다 빛나던 별들의 이야기가 있다. 별과 밤의 추억은 이렇게 시작했다.

창밖의 별들도 외로워 노래 부르는 밤, 다정스런 그대와 얘기 나누고 싶어요. 이문세의 별이 빛나는 밤에—

인터넷도 스마트폰도 없었다. 밤의 감성은 방안에서 혹은 독서실에서 라디오를 향했다. 1985년 4월부터 별과 밤의 서정을 기다리던 청춘들은 라디오 채널을 고정했다. 〈이문세의 별이 빛나는 밤에〉였다. 밤은 그리움과 쓸쓸함이라는 사춘기와 청춘의 언어를 전파에 실어 보냈다. 아이들은 사연을 적어 엽서를 띄우기도 하고, 노래를 녹음하기도 했다. 공부의 압박에서 해방되는 시간이었다.

농업 국가 대한민국의 밤은 깜깜한 농촌의 밤이었다. 하늘엔 별들이 가득했다. 산업화의 깃발이 높이 올라가자 더는 하늘에 별이 보이지 않았다. 아이들은 밤하늘 전파를 잡아 마음속에서 별을 그렸다. 밤의 서정과 청춘의 음악으로 밤마다 별이 가득해졌다. 전파에 실린 음악으로 청춘의 낭만을 발견한 첫 세대다. 그들을 위로한 음악을 이야기해보려 한다. 그 시절 청춘은 '통기타'와 동의어였고, 밴드 음악은 선망의 대상이었다.

많은 청춘들이 기타를 배웠다. 학교 행사와 수학여행, 대학생들의 엠티와 각종 모임에서 통기타를 메고 청바지를 입은 모습은 빠지지 않았다. 통기타는 청춘의 상징이었고, 청춘은 통기타였다. 생각해보면 기타는 음악을 만드는 창작 도구였고, 연주 방법이었으며, 함께 부르기 위한 공간의 창조자였다. 통기타는 어디에서나 청춘의 시간과 젊음의 공연장을 창조했다. 통기타 문화가 시작되었을 때, 낭만 세대는 어렸지만, 음악은 누구나 들을 수 있었다.

통기타는 문화가 되었다. '청년 문화'는 1970년대 새로운 문화를 설명하는 용어다. 청년 문화를 말할 때, 통기타를 빼놓을 수는 없다. 청년 문화는 1960년대 말, 1970년대 초 시작되었다. 1968년 〈하얀 손수건〉과 〈웨딩케이크〉를 부른 트윈폴리오가 등장했다. 같은 해, 포크 송의 저항 문화를 상징하는 한대수가 활동을 시작한다. 청년 문화는 어느 날 갑자기 실험실에서 만들어진 것이 아니다. 미국식 자유주의와 대중문화를 받아들이기 시작한 청년들이 문화의 배경을 천천히 바꾸었다. 이전과는 다른 생활 감각과 미적 취향이 퍼져 나갔다.

그들은 어릴 때부터 일본의 전쟁 가요가 아니라, 미국의 팝송이 친숙했다. 몸이 커지고, 감성의 어깨가 넓어지면서,

대중문화의 얼굴이 바뀌기 시작했다. 윤복희는 미국에서 미니스커트를 입고 귀국했다. 한대수는 치렁치렁 머리를 늘어뜨렸다. 조영남, 서유석, 윤형주, 송창식, 김세환 등은 통기타를 들고 '뽕짝(트로트)'과는 확연히 구분되는, 새롭고 세련된 노래를 불렀다.* 2015년 상영된 영화 〈쎄시봉〉은 그 시대 문화적 해방구의 이름이다.

옛날 것들은 지나갔다. 새로운 것이 시작되고 있었다. 이 시기 대중음악은 한마디로, 일본 문화와 미국 문화의 충돌이었다. 전쟁과 빈곤을 겪은 아버지 세대의 음악은 트로트였다. 일본풍 가락에 실린 대중가요는 실향의 슬픔과 고향에 대한 그리움으로 절절했다. 아이들은 부모 세대의 그 절절함이 부담스러웠다. 아이들은 가벼운 리듬과 자유로운 멜로디를 선망한다. 부모 세대의 음악은 촌스럽다고 여긴다. 마침 미국의 대중문화가 밀려 들어온다.

대중음악은 속된 말로 '국가가 허락한 마약'이라고도 할 만큼 한순간에 퍼지고 사람들은 빠져든다. 미8군 무대에서 활동하던 한국 가수들은 낯선 미국의 대중음악을 한국에

---

* 「박정희는 통기타를 어떻게 부숴버렸나」, 〈한겨레〉, 2012. 10. 5.

퍼트렸다. 패티김, 한명숙, 윤복희, 신중현, 최희준 등의 새로운 노래는 서양의 도시가 되고 싶던 서울의 노래가 되어갔다.

마침 1960년대는 미국과 유럽 사회가 급변하던 시기였다. 유럽에서는 "금지하는 것을 금지하라"며 68세대 학생들의 혁명이 시작되었다. 미국에서는 반전 시위, 흑백 갈등 그리고 히피 문화가 용광로처럼 들끓었다.

한국은 군인들이 통치하고 있었다. 저항의 슬로건은 수입될 수 없었지만, 음악은 국경이 없다. 미국에서는 비틀즈로 상징되는 영국 밴드들이 브리티시 인베이전이라고 불릴 만큼 대성공중이었고, 밥 딜런으로 대표되는 미국 포크 송이 미국의 자존심을 지키고 있었다. 비틀즈의 록과 밥 딜런의 포크 송 문화는 한국의 젊음으로 수입된다. 통기타의 청년 문화는 포크 송의 언어로 말한다. 포크 송 가사는 청년의 언어로 쓰인 시였다. 그것은 말로는 하기 힘든 감성을 드러내기도 하고, 가끔은 말해서는 안 되는 것을 말하는 언어가 되기도 한다.

첫번째 생각해볼 수 있는 포크 송 문화의 특징은 시적 언어다. 노래 속에서 시적 언어가 폭발한다. 대중음악은 본래 음악적 성격(리듬과 멜로디)과 문학적 성격(노랫말)을 동시에 지닌다. 포크 송은 노래가 된 시다. 듣는 순간 가사에 집중된다. 문학적 정서가 강조된다. 한 사람이 곡을 만들고, 가사를 쓰고, 노래를 부르는 싱어송라이터Singer-songwriter가 태어난다. 대중적 시인이다. 2016년 노벨문학상은 미국 포크 송 가수 밥 딜런의 가사를 선택했다.

언어는 시대를 반영한다. 젊음은 기존 질서에 반항한다. 포크 송의 가사는 청년들의 저항을 시로 풀어낸다. 저항시를 노래로 바꾸어 부른다. 밥 딜런이 마틴 루터 킹 목사의 행진에 참여했듯, 통기타의 저항 정신은 양희은, 김민기 등으로 이어지며 군사 독재에 시름하던 청년들의 시대정신이 되고, 이후 민중가요의 전통으로 이어진다. 낭만 세대의 대학 시절, 동아리 방에서 통기타를 치며 시대의 아픔을 노래하던 낭만은 1960년대에 벌써 시작되고 있었다.

포크 송 문화의 두번째 특징은 엘리트 문화와 아마추어리즘이다. 포크 송 문화의 생산자들은 다른 대중음악 창작자들과 많이 달랐다. 그들은 대부분 대학생 신분이거나 대학을 막 졸업한 청년들이었다. 김민기, 조영남, 윤형주, 이장희, 양희은, 김세환 등은 대학생 시절을 거치며 가수로 활동하기 시작했다. 한대수는 미국에서 귀국해 사진작가, 기자 등으로 일하고 있었다. 이들은 취미나 부업처럼 음악을 시작했다.* 당시로서는 그 자체로 사람들의 호기심 대상이었다.

새 시대의 음악인들은 주로 대학 내에서 음악 그룹을 결성하거나 대학가 주위에서 활동하며, 그들만의 공동체를 구성했다. 서로 곡을 써주기도 하며 인적 네트워크를 만든다. 이러한 성격으로 인해 1970년대 포크 문화는 대학생 중심으로 번져나가 대학 문화로 발전한다.** 낭만 세대는 대학 진학률이 급상승한 세대다. 대학가의 문화가 된 포크 송은 80년대 이후 자연스럽게 학생 운동 문화와 어울리게 된다.

그 시절 청춘에게 포크 송만 있었던 것은 아니다. 젊음을 이야기할 때 빼놓을 수 없는 것은 록 음악이다. 신중현에서 시작한 한국의 록 음악은 1970년대 새로운 변화를 시작한다. 1977년 MBC 대학 가요제가 시작되었고, 같은 해 산울

- 이영미, 「1970년대, 청년 문화의 빛과 어둠」, 『한국대중가요사』, 민속원, 2006, 225쪽.
- - 김영주, 「제3장 청년 대중음악 생산자 및 수용자의 특성과 변화」, 『한국의 청년대중음악 문화』, 한국학술정보, 2006, 123쪽.

림이 데뷔했다. 록 음악의 비트는 몸을 움직이게 한다. 몸의 흐름은 젊음의 것이다. 각종 가요제가 시작되었고, 캠퍼스 밴드의 전성시대가 열렸다. 통기타와 그룹사운드, 포크와 록이라는 음악의 두 축은 7080 청년 문화의 핵심이었다. 5월 광주와 1987년 시민 항쟁을 지나며, 록 음악의 사운드를 바탕으로 한 저항 문화가 퍼지기도 했다.•

블랙테트라(1978 TBC 해변 가요제 우수상), 송골매(1979 결성), 옥슨80(1980 TBC 젊은이의 가요제 금상)과 마그마(1980 MBC 대학 가요제 은상), 들국화와 시나위(1983 결성), 그리고 부활(1985 결성) 등. 청춘의 심장은 이들의 기타 리듬으로 고동쳤고, 아마추어 밴드들도 무대 위에서 꿈을 연주했다. 학교 행사에는 학생 밴드가 빠지지 않았다. 드럼이 천둥 같은 리듬으로 첫발을 디디면, 일렉트릭 기타와 신시사이저가 전기 에너지를 공기 중으로 뿜어낸다. 뒤이어 보컬이 젊음의 도파민을 하늘까지 끌어올린다. 가난한 청춘들이 순간 세상을 지배한다.

록은 이성보다는 감성의 것이다. 록은 도시의 소외와 청

• 「'다섯손가락' 이두헌 복귀⋯⋯ 캠퍼스 밴드의 귀환 예고」, 〈경향신문〉, 2011. 11. 23.

춘의 절규를 노래한다. 절규하고 반복하다가 찌그러지는 소리로 세상에게 소리친다. 록은 세상에 대한 저항과 어울린다. 기존의 질서에 대하여 이성적으로 질문하지 않는다. 도발하고 감정을 터트린다. 설득하지 않고 괴로움을 드러낸다. 극단적 절규로 자신을 표현하여 도무지 견딜 수 없는 세상을 고발한다. 록은 여기에 인간이 있다는 기막힌 사실을 절규한다. 청춘의 새로운 해방구다.*

군사 정권은 청년 문화에 담긴 저항 정신이 불편했다. 1974년 조작된 민청학련 사건 주모자들에게 사형을 선고한 박정희 정권은 1975년 무려 2백25곡의 가요를 금지곡으로 묶었다. 대마초 단속을 통해 이장희, 윤형주, 신중현, 김추자 등 인기 절정의 가수를 포함한 27명을 구속했다. 금지곡의 기준은 특별히 없었다. 김민기나 신중현은 이름이 들어가면 무조건 금지곡이었다. 〈아침 이슬〉도 금지곡이었다. 금지곡 선정과 당대 청년 음악과의 관계를 정확히 알 수는 없다. 다만, 가장 큰 피해자가 록과 포크 음악이었던 건 사실이다.**

- 이영미, 「1980년대, 조용필과 발라드의 시대」, 『한국대중가요사』, 민속원, 2006, 311-313쪽.

청년 문화가 싫던 군사 정권은 무너졌고, 청년의 음악은 새로운 장르들을 개척하며 행진해갔다. 구시대와의 충돌은 언제나 새로운 시대의 승리로 끝나기 마련이다. 시간은 앞으로 흐르고 오래된 것들은 죽기 때문이다. 시간은 쉬지 않고 흐른다. 새로운 것들도 언젠가는 반드시 오래된 것이 된다. 그 시절의 낭만을 듣고 즐기며 성장해온 세대는 오래된 세대가 되었다. 대중음악은 다시 몇 번의 새로운 시대를 겪었고, 이제 낭만 세대의 귀는 유행의 기준이 아니다.

1990년대 힙합, 랩, 댄스 음악 등 새로운 음악들이 시작된다. 아이돌의 군무는 낯설다. 속사포처럼 내뱉는 가사는 알아듣기 힘들다. 90년대는 발라드의 황금기였다. 가창력을 뽐내는 발라드 가수의 노래는 따라 부르기 어려운, 감상의 대상이다. 통기타를 튕기며 "길가에 앉아서 얼굴 마주보며 지나가는 사람들 우릴 쳐다보네—"를 부르던 청춘들은 늙어간다. 어느 순간 〈가요톱10〉을 봐도 따라 부를 만한 노래가 없다는 사실을 깨달았을 것이다.

70년대와 80년대에 유행한 7080 음악은 이전 세대의 대

●● 「유치찬란했던 금지곡 판정」, 〈한겨레〉, 2005. 12. 7.
「박정희는 통기타를 어떻게 부숴버렸나」, 〈한겨레〉, 2012. 10. 5.

중음악과는 분명한 차이가 있었다. 실향의 설움에서 자유의 희망으로, 빈곤의 고통에서 도시의 고독으로 변화의 선을 그었다. 군인이 다스리는 나라의 젊음은 저항의 몸부림을 악보에 옮기기도 했다. 대중음악을 즐기는 방식은 시대의 정서를 정확히 반영한다. 통기타를 중심으로 둘러앉아 함께 노래를 부르며 서로의 소리에 귀 기울이던 그때와 달리, 요즘의 최신 이어폰은 주변 소리를 소거한다. 음악은 나만의 시간이 필요하다는 고립의 신호가 되어버렸다.

낭만 세대에게는 떠오르는 장면이 있다. 음악은 어떤 장면을 불러온다. 음악 속 지난날은 정물화처럼 아련하다. 기타를 처음 만진 날, 〈별이 빛나는 밤에〉에서 흘러나오던 노래를 카세트테이프에 녹음하던 날, 낯선 친구들과 함께 통기타에 맞춰 노래를 부른 날. 이제 음악을 생산하고 소비하는 주체는 젊음의 공동체가 아니다. 거대 산업이 디지털 신호로 음악을 생산한다. 새 시대의 젊음은 음악을 다운로드하는 소비자다.

모든 것은 변한다. 음악은 시간의 예술이다. 흘러간 소리는 반복되지 않는다. 기술적 수단은 동일한 파장을 공기 속에 흘려보내지만, 음과 음 사이에서 느껴지던 감정은 그때와 다르다. 모든 것은 변한다. 시간의 무상함을 떳떳하게 받아들이는 것은 중년의 의무다. 모든 것은 잠깐 왔다 사라진다. 청춘은 지나갔다. 삶의 진정한 곡조를 들을 수 있는 시간이 다가온다.

호환, 마마보다 무서운 것

현대인들에게 영상은 생활의 일부다. 사무실과 집, 지하철과 버스 안, 화장실에서도 영상은 손에 들려 있다. 영상은 쉬지 않고 움직인다. 영상 문화는 문화를 생산하는 방식에서 독특한 특징을 가지고 있다. 글을 쓰기 위해서는 펜이 필요하고, 그림을 그리기 위해서는 물감이 필요하다. 영상을 만들기 위해서는 대중문화 전부가 필요하다. 막대한 자본도 필요하다. 영상 문화는 영상 산업과 함께 움직인다.

낭만 세대는 영상 문화가 영상 산업과 함께 발전하던 현장을 목격했다. 그들을 그 전 세대와 구분하는 기준 중 하나는 영상 문화에 대한 친밀감일 것이다. 처음으로 영상을 통해 문화를 맞이하고 문화를 만든 세대, 서양의 영상 문법을 배워 새로운 영상을 우리 자본으로, 우리 언어로 창작하기 시작한 세대이기 때문이다. 낭만 세대의 낭만을 말할 때, 영상을 꼭 언급해야 하는 이유다.

현재의 모든 것들은 과거의 토양에서 자라난다. 〈오징어 게임〉과 〈기생충〉으로 상징되는 한국 영상 문화의 성취, 그 성공담은 낭만 세대와 함께 자라난 한국 영상 산업의 발전사다. 그들은 처음으로 생활 속에서 영상을 즐겼다. 영상은 기술의 발전을 필요로 한다. 문명은 기술을 만들고 기술은 삶을 바꾼다. 새로운 시대가 시작되었다. 그들의 독특한 문화적 취향은 텔레비전에서 시작되었을 것이다. 다시 1960년대를 들여다보자.

1961년 한국방송공사(KBS)가 개국했다. 1969년 MBC가 개국함으로써 KBS, TBC, MBC의 방송 삼파전이 시작되었다. 1980년 군부 독재의 압력으로 TBC는 폐국되었지만, 곧이어 컬러 TV 방송 시대가 열렸다. 서울방송(SBS)은 1991년 12월 개국했다.* 낭만 세대는 최초의 TV 세대다. TV를 보며 자랐다. 낭만 세대는 TV로 세계를 배우고, TV

---

* 「자유와 규율 사이, 방송의 길을 찾다」, 〈기록으로 만나는 대한민국〉, 국가기록원.

속 세상을 동경했다. 현실 속에는 가난과 군사 독재가 유령처럼 배회했지만, TV 속에는 꿈과 낭만이 가득했다. TV를 틀면 언제나 새로운 시간과 공간이 기다리고 있었다.

1966년 최초의 국산 TV가 생산되었다. 지붕 위 TV 안테나는 부의 상징이었다. 1979년 세대당 TV 보급율은 78.5퍼센트까지 상승했다. TV 보급이 확대되면서 각 가정의 안방을 차지한 TV는 가족 공동체의 중심이 되었다. 가정용 TV의 확산은 가족주의를 등장시켰고, 마을 공동체는 약화했다. 마을 사람들이 동네에 몇 없는 TV 앞에 모여 프로 레슬링 경기를 보고, 아폴로 11호의 달 착륙에 감격하던 시대는 끝나가고 있었다.•

안방극장 시대가 열렸다. TV는 바보상자가 아니었다. 〈아씨〉(1970)와 〈여로〉(1972)가 방송되는 TV는 당시 전 국민을 울리고 웃기던 마법 상자였다. 공동체가 만들어지고 있었다. 한국 사람이란, 같은 드라마를 보고, 함께 울고 함께 웃는 사람들이다. 아침에는 전날 본 드라마 이야기를 나눴다. 드라마의 주인공은 국민적 스타가 되었다. 아이들은

• 채백, 최창식, 강승화, 허윤철, 「TV의 보급 확대와 공동체의 변화」, 〈커뮤니케이션 이론〉 14권 4호, 한국언론학회, 2018, 138-182쪽.

드라마 속 인물의 말투를 흉내내기도 했다. 그들의 유년과 사춘기는 화면 속 상상으로 가득했다.

영상은 직접적으로 감정을 자극한다. 영상 언어는 누구나 쉽게 받아들인다. 영상의 이러한 특성 때문에 영상을 통해 전파되는 생각은 대중에게 바로 흡수된다. 독재 정권은 TV를 효율적인 통치 수단으로 사용했다. 독재의 필요성을 주입하고, 국가주의를 광고했다. 하지만 아이들은 영상 속에서 다른 것들을 배우고 있었다. 아이들은 TV 만화 주제곡을 따라 불렀고, 밤마다 주인공처럼 멋지게 하늘을 날기도 했다.

한국 사회 최초의 영상 세대. 낭만 세대는 TV를 보며 유년기와 사춘기를 보냈고, 자연스럽게 영상의 문법을 몸에 익혔다. TV와 함께 어른이 되어갔다. 범죄와 싸우는 꿈을 꾸기도 하고(〈수사반장〉, 1971년부터 방영), 농촌의 향수를 느끼기도 했으며(〈전원일기〉, 1980년부터 방영), 학교 생활의 미덕을 배우기도 했다(〈호랑이 선생님〉, 1981년부터 방영). 아이들은 배삼룡, 서영춘, 구봉서, 남철, 남성남, 남보원 같은 코미디언들의 말투를 따라 하며 놀기도 했다.

무엇보다 그 시절 그들을 흥분시킨 것은 만화 영화였다.

〈그레이트 마징가〉, 〈개구리 왕눈이〉, 〈은하철도 999〉, 〈천년 여왕〉, 〈우주소년 아톰〉, 〈개구쟁이 스머프〉, 〈미래소년 코난〉, 〈이상한 나라의 폴〉, 〈들장미 소녀 캔디〉, 〈빨강머리 앤〉, 〈플랜더스의 개〉, 〈독수리 오형제〉, 〈로보트 태권 V〉, 〈태권동자 마루치 아라치〉, 〈똘이장군〉……. TV 앞에는 아이들이 앉아 있었고, 꿈속에서 아이는 만화 영화의 주인공이 되기도 했다. 악당과 싸우고, 공주를 구했다. 세상의 법칙을 배웠고, 삶을 예습했다.

TV는 극장이었다. TV 방영 시간표를 외우던 아이들은 TV를 통해 영화를 처음 접한다. 〈주말의 명화〉는 1969년 8월 9일부터 41년 동안 방송한 MBC 영화 프로그램이다. 〈주말의 명화〉가 시작될 때 나오던 오프닝 주제곡은 지금도 많은 이들의 기억 속에 남아 있다.

케이블TV나 인터넷TV는 없었고, 극장은 멀었다. 자막이 아닌 더빙 방송이었다. 세계적인 영화제에서 인정받고 있는 한국 영화의 토양은 그 시절 브라운관 TV에서 시작됐는지도 모른다.

1970년대, 새로운 영상 콘텐츠의 시대가 열린다. 처음으로 그들의 젊은 날이 영상으로 만들어졌다. 1977년 개봉한 영화 〈고교얄개〉는 당시 25만 관객을 동원하면서, 70년대를 얄개 열풍 속으로 몰아넣었다. 1976년 개봉한 〈진짜 진짜 잊지마〉와 얄개 시리즈는 하이틴 영화의 시작점이었다.•
이후 1987년 〈미미와 철수의 청춘스케치〉, 1989년 〈행복은 성적순이 아니잖아요〉 등 하이틴 영화가 차례로 개봉했다.

아이들은 동년배의 주인공이 연기하는 자신들의 일상을 낯설게 바라보았을 것이다. 내 안에 있던 이야기가 스크린을 비추는 빛이 될 수 있다는 사실에 놀랐을지도 모른다. 예상할 수 있었을까? 미래의 어느 날, 우리의 이야기가 전 세계의 스크린에서 빛처럼 환영받는 날이 올 것이라는 꿈같은 사실을. 그 시절 청소년기를 보낸 이들 중 몇몇은 어른이 되어 한국 영화 산업의 주인공이 되었다. 물론 시간이 더 필요했다.

70년대와 80년대 한국 영화는 호스티스 영화와 에로 영화의 그늘 속으로 빠져들고 있었다. 군사 정권은 영화를 검열했고 외화 수입 편수를 제한했다. 사회 비판적인 영화는 만들 수 없었다. 상대적으로 자유를 허락받은 호스티스 영

• 「과거 하이틴 영화를 채웠던 싱그러운 청춘 배우들」, 〈조선일보〉, 2018. 3. 20.

화와 에로 영화는 전성기를 맞이했다. 〈영자의 전성시대〉와 〈애마부인〉 시리즈는 한국 영화의 대표적인 경향이었다. 13편까지 계속된 〈애마부인〉 시리즈는 당시 한국 영화의 상징 같은 것이었다. 여성의 몸은 상품이었고, 예술과 외설은 혼동되기도 했다.

영상 문화의 발전은 기술의 발전과 함께 진화한다. 기술은 영상을 즐길 수 있는 다양한 미디어를 생산했다. 지금은 넷플릭스가 있고, 그때는 비디오가 있었다. 비디오테이프를 가정용 VCR(비디오카세트레코더) 기기에 넣으면 언제든 집에서 영화를 볼 수 있었다. 비디오 앞에 앉아 있던 아이들은 먼저 남자 성우의 경고를 들어야 했다.

> 옛날 어린이들은 호환, 마마, 전쟁 등이 가장 무서운 재앙이었으나, 현대의 어린이들은 무분별한 불량 불법 비디오를 시청함으로써, 비행 청소년이 되는 무서운 결과를 초래하게 됩니다.

가끔씩 예언은 예상치 못한 방식으로 현실이 된다. 비디오 시청은 어떻게 무서운 또는 놀라운 결과로 연결되었을까? 당시 세운상가 주변 등에서 불법적으로 거래되던 음란물과 저작권법 위반 저작물 등은 단속 대상이었다. 사춘기 아이들의 호르몬은 조절하기 힘들고 호기심은 금지된 것을 찾아다니기 마련이다. 무분별한 불량 불법 비디오 시청은 당연히 규제의 대상이었다. 하지만 정작 비디오 시청이 엄청난 결과로 연결되는 지점은 다른 곳에 있었다.

그 시절 비디오테이프는 비디오 대여점에서 빌려왔다. 비디오테이프는 VCR 기기를 통과해 영상이 되었다. 비디오 대여점은 영상 문화 발전의 공장 같은 역할을 했다. 비디오 대여점에서 신중하게 신작 비디오를 선택하던 순간들이 모여, 오늘날 한국 영화의 기적 같은 성장을 만들어낸다. 호환, 마마보다 힘이 센 무엇인가가 움직이고 있었다. 한국 영상 산업의 발전에는 매우 특이한 도약의 계기가 필요했다. 비디오테이프를 돌려 영상을 만들던 VCR 기기가 그 도약의 시작점 중 하나다.

먼저 영화 산업의 특성을 알아야 한다. 자국의 언어로 영상물을 만들기 위해서는 많은 것들이 필요하다. 먼저 영상의 낭만에 젊음을 건 청년들의 꿈이 필요하다. 꿈이 실현되기 위해서는 당연히 현실의 조건이 필요하다. 영화 산업은 자본의 모험적 투자가 선행되어야만 꽃을 피울 수 있다. 영화의 흥행 여부는 나중에 알 수 있지만, 영화를 만들기 위한 자본은 영화의 기획 단계에서부터 필요하다. 돈이 흘러야 한다. 자본이 문화 산업으로 투입되어야 한다. 영상은 문화인 동시에 산업이다.

세상에는 수많은 국가가 있지만, 그중 일정 규모 이상의 영상 산업을 가진 나라는 많지 않다. 전 세계를 소비자로 둔 영미권, 국가적으로 문화 산업을 지원하는 중국과 프랑스, 애니메이션 분야의 강자 일본, 특수한 문화적 배경을 가진 인도 등을 제외하면, 대한민국이 첫손에 꼽히지 않을까? 우리의 영상 문화는 어느 면에서도 세계적 수준이다. 다시 말해서, 한국의 대규모 자본이 영상 문화에 투자되었다는 말이다. 한국 영화를 방화邦畵라고 부르던 시절이었다. 외화外畵의 반대말이다. 누군가가 방화를 투자의 대상으로 보기 시작했다.

어떻게 이런 일이 가능했을까? 시작은 VCR 기기였다. VCR을 만들던 한국의 기업들은 VCR을 더 팔기 위해 콘텐츠가 필요했다. 보고 싶은 영상이 없다면 VCR을 살 이유가 없다. 기업들은 수요 창출을 위해 영상 산업에 진출했다.

가전제품(VCR)을 팔고 비디오를 유통시키기 위해 새로운 산업에 투자하기 시작했다. 초기에는 비디오 판권 확보가 목적이었다. 그렇게 삼성, 대우, LG, 선경 등은 1980년대부터 영화 제작과 외화 수입에 진출한다.

선경(1984), 대우영상사업단(1988), 삼성영상사업단(1995), 금강기획(1996) 등 대기업의 돈이 영화 제작과 수입, 배급, 비디오 유통 시장에 흘러들어왔다. 산업의 모습이 갖추어지기 시작했다. 자본은 합리적 기획과 시장 분석을 요구했다. 1992년 삼성은 비디오 판권 구매 형식으로 영화 〈결혼 이야기〉에 투자한다. 최초로 체계적 기획과 마케팅 전략이 진행되었다. PPL을 도입한 〈결혼 이야기〉는 1992년 최고의 흥행작이었다. 이를 계기로 20여 개 대기업이 영화 산업에 진출한다.• 이후 한국 영화는 놀라운 속도로 전성기를 맞이한다.

"호환, 마마……"를 읽어주던 VCR 기계에서 산업이 출발했다. 새로운 시대의 영화인들과 화학 반응을 일으켰다. 그렇게 한국의 영상 문화는 세계적 수준으로 발전했다. 그

• 「한국 영화사, 낭만의 시대에서 투자의 시대로」, 〈한겨레〉, 2022. 9. 13.

때 그 시절, 비디오 대여점은 동네마다 있었다. 아이들은 검정색 봉투에 넣어주던 성인 비디오를 몰래 빌려 보기도 했다. 영화광을 시네마 키드, 시네필이라고도 부른다. 낭만세대는 한국 사회 최초의 시네마 키드, 시네필이었거나 그들의 친구였다.

그들은 극장에서 데이트를 했다. 그 시절 대한극장은 청춘의 상징이었다. 최초의 TV 세대이며 비디오 세대. 첫 영화광 세대. 그들이 TV에서 비디오로, 비디오에서 극장을 거쳐 멀티플렉스를 경험하는 동안 세월은 흘렀다. 중년을 지나기도 하고, 노년 앞에 서 있기도 하다. 비디오 대여점은 이제 없다. VCR은 찾기 힘들다. OTT는 극장을 멈추게 하고 있다. 유튜브는 빛의 속도로 전 세계 영상을 실어나른다. 대한극장은 2024년 9월 30일 문을 닫았다.

모두 함께 TV 앞에 둘러앉던 시절이 지나갔다. 친구를 기다리던 극장 앞 매표소는 이제 없다. 손가락으로 영상을 고르고, 손바닥 위에서 상영된다. 이어폰을 꽂고, 혼자만의 시간으로 입장한다. 매체가 변하면 소통의 방식이 변한다. 호환, 마마보다 두려운 것은 세월의 속도만큼 변해버린 관계의 방식일지도 모른다. 소통의 방식이 변하면 모든 것이 변한다. 모든 것은 변했다. 낭만 세대에게 세상은 가끔씩 낯설다.

그 시절, 우리가 두고 온 이야기

드라마 〈응답하라 1988〉은 1971년생들의 이야기다. 1971년은 대한민국에서 가장 많은 아이들이 태어난 해다. 골목을 배경으로 이웃들과 함께 어울리던 시절을 따뜻한 시선으로 그렸다. 넉넉하지는 않지만 행복하던 사람들의 이야기. 가끔은 궁금하다. 정말 그 당시 사람들이 모두 그렇게 따뜻한 마음으로 살았을까? 드라마의 현실성을 따지고 들자면 이것저것 생각해보아야 할 것이 많다. 그러나 분명한 점은 오늘을 살아가는 사람들은 과거가 그립다는 것.

드라마 〈응답하라 1988〉, 〈폭싹 속았수다〉, 영화 〈국제시장〉 등등. 과거를 소재로 한 영상물들이 흥행에 성공했다. MBC 예능 프로그램 〈무한도전〉이 기획한 '토요일 토요일은 가수다' 이후 토토가 열풍은 추억의 가요들을 각종 순위에 올려놓기도 했다. 그때의 이야기를 하고, 그 시절을 소비하며 과거를 소환하는 모습은 이제 하나의 문화적 현상이다.* 과거를 소비하고, 과거를 상품으로 포장하기도 한다. 예전 것들을 다시 진열대에 올려놓는 일이 익숙하다.

극장가에는 1990년대 농구 만화 『슬램덩크』가 영화로 돌아왔다. 예전 모습대로 파랗고 투명한 병 소주가 다시 등장하기도 했다. 디지털로 가득한 세상에서 아날로그 감성을 그리워하는 사람들이 늘어나고 있다. 추억의 문구 육공 다이어리가 다시 유행이다. 디지털이 아닌 LP로 음악을 들으려는 사람들도 많아졌다. 아날로그의 '계량화할 수 없는 즐거움'이 유행이다. 종이의 질감, 턴테이블 바늘의 느낌은 스마트폰과 컴퓨터에서는 접할 수 없는 것들이다.**

'낭만의 시대'를 검색 창에 넣어보면, 많은 영상들이 과거의 모습을 보여준다. 알고리즘은 '그 시절 낭만 시대', '낭만의 시절 8090', '그땐 그랬지' 등등으로 화면을 옮겨간다. 홍수로 도로가 잠긴 상황에도 출근하는 사람들, 좁은 방에서 어깨를 부딪치며 함께 식사를 하는 하숙생들. 지금보다 불편하고 힘들던 시절을 낭만이라며 그리워하는 이유

---

* 「'추억팔이' 그때가 좋았어?」, 〈한국일보〉, 2015. 1. 7.
** 「자꾸만 하고 싶은 '다꾸'」, 〈한겨레21〉, 2020. 5. 3.

는 무엇일까? 오늘이 예전을 그리워하는 이유가 궁금하다.

첫번째, 지난 시절을 그리워하는 현상에 대하여 심리학은 다양한 이론으로 설명한다. '회고 절정'을 먼저 생각해 볼 수 있다. 이것은 40세가 넘은 사람에게 자신의 인생 중 최고의 순간이나 기억에 남는 시절을 떠올려보라고 하면 나타나는 현상이다. 중년에 다다른 사람들은 청소년기에서 초기 성인기(10-30세)의 비교적 어린 날 기억을 가장 많이 떠올린다. 그 시절 즐기던 음악, 영화, 책 등은 일생 동안 가장 좋아하는 작품으로 남는다.•

과거를 그리움의 대상으로 두려는 심리적 현상을 므두셀라 증후군Methuselah syndrome으로 설명하는 경우도 있다. 지나간 과거의 좋았던 기억만 떠올리려는 심리 상태를 말한다. 사람들은 과거를 생각할 때 나쁜 기억은 지우고, 좋던 기억을 위주로 편집하려 한다. 일종의 기억 왜곡이다. 이러한 이유로 사람들은 과거와 연결되는 아이템을 만날 때 따뜻함을 떠올린다. 그 시절의 어렵고 불편하던 기억은 지우고 "그래도, 그때가 좋았지"라고 생각하게 되는 심리 현상

• 「꼰대는 싫지만…… 나도 '라떼는 말이야' 갑툭튀 이유」, 〈한국일보〉, 2023. 12. 6.

이다.

　두번째로 생각해볼 수 있는 과거 유행의 이유는 경제적 혼란이다. 각종 연구 결과에 의하면, 사람들은 힘든 상황에 놓일 때 과거의 추억을 꺼내어 위로를 받고 싶어한다. 불안정한 경제는 자주 복고풍을 유행시킨다. 경제적 스트레스와 실업 등의 고통은 지난 시절의 향수를 통해 현재의 불안을 잊고자 하는 욕망을 불러온다. IMF 경제 위기, 세계 금융 위기 등 경제 위기가 닥쳤을 때, 추억과 가족이라는 감성을 건드리는 소설이나 영화가 흥행한 이유다.

　복고 마케팅의 유행은 경제 전망에 대한 사람들의 생각을 보여주는 지표다. 경제에 대한 비관적 전망은 현재와 미래에 대한 불안으로 연결된다. 현재와 미래에 대한 불안은 과거로 눈을 향하게 한다. 과거를 상대적으로 좋던 시절로 미화한다. 그렇게, 과거를 추억한다는 사실은 현재와 미래에 대한 불안한 전망을 보여준다. 과거를 소재로 하는 드라마와 영화의 흥행은 사람들이 현재와 미래에 대하여 희망을 찾지 못하고 있다는 사실을 드러내는 것인지도 모른다.

　마지막으로 떠올려볼 수 있는 원인은 사회적 연결에 대한 위기의식과 전망 부재다. 사람들은 과거를 그리워할 때, 과거의 모든 것을 갈망하지는 않는다. 그리움의 대상은 지금보다 따뜻했던 사람들 사이의 관계다. 사람들의 기억 속에서, 과거는 가난했지만 따뜻했다. 인간은 동물과 다르다. 사람은 관계 속에서 인정받고 인정하며 살아간다. 차가운 진수성찬보다 소박하지만 따뜻한 밥을 나누기 원한다. 사람에 대한 그리움이 과거에 대한 그리움으로 나타난다.

하지만 이런 식의 설명은 뭔가 허전하다. 이것이 전부일까? 현재의 우리가 과거를 그리워하는 이유를 처음부터 다시 생각해본다. 분명한 사실이 있다. 세대에 따라 과거를 직접 경험한 사람들과 그렇지 않은 사람들이 구분된다는 점이다. 혹시 그때를 살아본 사람들과 그렇지 않은 사람들은 전혀 다른 이유로 과거를 낭만이라 부르는 것은 아닐까?

'낭만의 90년대'를 검색하면, '강한 자만 살아남을 수 있던 90년대'로 연결된다. 복고 마케팅으로 미화한 과거의 모습을 지우고 나면, 불편한 진실이 드러난다. 지난 시절, 어떤 것들은 낭만과 야만 사이에 있었고, 어떤 것들은 야만이었다. 여성들은 가부장 문화에 억눌려 숨쉬기 힘들었다. 남성들은 버스 안에서도 담배를 피웠다. 소수자에 대한 차별은 흔했고, 어디에서나 폭력을 볼 수 있었다. 학교도 예외는 아니었다. 인권은 자주 무시당하거나 배척당했다. 낭만 세대는 그 시절의 낭만적이지 않던 현실을 직접 몸으로 살았다.

세대를 구분해보면, 과거에 대한 그리움은 전혀 다른 의미가 된다. 지난날을 떠오르게 하는 물건이나 사건을 접할 때 감정과 사고는 다른 궤적을 그린다. 아날로그 문화를 전혀 경험해보지 못한 세대가 그 시절 아날로그를 그리워하는 것과 그 시절을 살았던 세대가 그리워하는 것은 다른 현상이다. 경험하지도 않은 시절에 대한 그리움의 이유는 무엇일까? 젊은이들은 만져보지도 못한 LP와 카세트테이프, 필름 카메라에서 어떤 그리움을 느끼는 걸까?

미국 시인 존 케닉John Koenig은 아네모이아Anemoia라는 단어를 처음으로 사용했다. 아네모이아란 한마디로 '경험하지 못한 시대에 대해 느끼는 향수鄕愁—노스텔지어Nostalsia'를 말하는 신조어다. 보통 향수는 고향이나 과거의 경험을 대상으로 한다. 아네모이아가 가리키는 향수는 전혀 기억된 적 없는 것에서 느끼는 생소함과 신기함에서 시작한다.•

• 「경험하지 못한 것에 대한 그리움, 아네모이아」, 〈서강학보〉, 2024. 6. 2.

디지털 시대에 태어난 젊은이들에게 아날로그는 처음 만나는 낯선 세상이다. 낯설다는 감정이 상상력을 자극한다. 이를테면 젊은 세대가 지난 시절에 대하여 느끼는 그리움은 상상력을 연료로 만들어진 감성이다. 상상을 시작할 때, 지난 시절의 진짜 모습은 중요하지 않다.

낭만 세대는 다르다. 그들은 몸에 남은 이야기로 과거를 그리워한다. 낯선 것에 대한 상상과는 다르다. 누군가는 그들의 과거에 대한 그리움을 심리학적 분석 대상으로만 취급한다. 나이들어가면서 재미있는 일이 없어지면, 과거에 즐겁던 기억을 떠올리는 시간이 많아진다고 주장한다. 사람이 인생의 후반부로 갈수록 노스탤지어(향수병)에 빠지기 쉽다는 말이다.* 자신이 경험한 지난 시절을 그리워하는 감정. 그 속에서 찾아보려는 삶의 의미. 이것들은 단지 나이들어감의 자연스러운 결과일까?

살아간다는 일은, 무엇인가를 조금씩 잃어버리고, 또 어떤 기억을 차츰 잊는 일이다. 그들은 그 시절 전부를 그리워하지는 않는다. 야만과 폭력의 순간들은 누구나 잊고 싶

---

* 애그니스 아널드포스터, 손성화 옮김, 「2부 장밋빛 퇴행」, 『노스탤지어, 어느 위험한 감정의 연대기』, 어크로스, 2024, 256쪽.

다. 전력을 다해 달려오는 동안 무엇인가를 세월 속에 흘려버리지는 않았는지 묻고 있는 것이다. 그곳에서 잃어버린 것은 무엇일까? 무엇이 그립단 말인가? 그때는 있었지만 지금은 사라진 것들을 생각해본다. 그것들은 언제 다시 생각나는가?

하루의 삶이 껍데기 같을 때, 돈 버는 일과 돈 쓰는 일, 그와 관련된 일, 그것들로 가득한 하루를 살아냈을 때, 문득 의문이 솟아난다. "이것뿐인가?" 궁금해진다. 가끔씩 놀란다. 색깔 없이 흘러간 시간, 나를 살고 있는 나는 진짜 '나'인가? '나'를 다시 묻는다. 내 안에 있던 무엇이 없어졌다. 없어진 것은 진짜 '나'일지도 모른다. 낭만 세대는 내 안에 있던 무엇에서 떨어져나온 사람들이다. 그들은 헤아리기 어려운 경계를 건너왔다. 건너는 동안, 그들은 안에 있던 무엇을 두고 왔다.

그들은 '문화적 강제 이주민'이다. 그들이 세상을 알아가기 시작할 때, 세상은 아날로그가 지배하는 날것 그대로의 세상이었다. 세계는 접촉의 대상이었다. 어느 날 갑자기 그들은 디지털 세상으로 던져진다. 삶의 방법이 순식간에 변했다. 그들의 그리움은 시대를 넘어온 자들의 독특한 경험에서 시작한다. 그들이 잃어버린 진짜 '나'를 그리워하는 것은 당연하다. 단순한 중년의 향수병이 아니다. 두 세상에 몸을 걸치고 살아온 자들의 '문화적 시차 적응 현상'이다. 아날로그와 디지털은 전혀 다른 세상이다. 서로 다른 언어다.

아날로그는 세계를 접촉한다. 나의 몸은 사물과 타인을 직접 만난다. 소리와 냄새와 느낌은 구체적으로 남는다. 새로 구입한 레코드판은 비닐을 뜯어야 하고, 가끔 꺼내어 닦아주어야 한다. 조심스레 바늘을 홈에 맞추고 버튼을 조절한다. 카세트테이프는 볼펜을 구멍에 넣어 돌려야 한다. 각도를 확인하며 테이프를 넣고 버튼을 눌러야 한다. 몸을 일으키고, 눈을 맞추고, 손을 움직인다. 사물은 몸과 만나고, 물성物性 안에 숨겨져 있던 감성은 그제서야 소리를 공기 중에 내보낸다.

소리와 소리의 모든 과정은 하나가 되어 나의 감성이 된다. 몸이 마주하던 촉감과 소리는 내 몸 안에서 섞이며 추억을 새겨 넣는다. 음과 음 사이에는 나의 무엇인가가 들어 있다. 그 시절 음악을 들으면, 내 몸속에 들어 있던 '나'는 다시 사물과의 접촉이 그리워진다.

애써 고른 편지지에서는 종이 냄새가 났다. 꾹꾹 눌러 한 글자씩 연필이 움직이면, 사각사각 소리가 사춘기의 설익은 감정을 조심성 없이 흘려 보내기도 했다. 사물과 만난 감정은, 그 감정을 떠올릴 때마다 다시 사물이 되기도 한다. 첫사랑의 편지지와 비슷한 무늬만 보아도 그 사람이 떠오른다.

그들의 몸에는 그렇게 사물과 감정이 하나로 섞여 있다. 사람과 사람 사이에는 온전한 '나'의 감각이 있었다. 솜털처럼 예민하던 감각, 그 사이로 잠깐 흐르던 촉감과 후각이 몸속에 자리잡았다. 오래된 책 냄새가 친구 얼굴과 겹친다. 그 아이의 얼굴은 등교 길 차갑던 버스 손잡이로 떠오른다. 생각해보면, '나'란 그들과 그 시간들과 그 감각들이다. 따라서 나는 그것들이 만든 이야기였다. 경계를 건널 때, 잃어버렸다. 그곳에 두고 왔다. 망각은 이야기의 흔적만 남겼다. 그리울 때마다 조금씩 다시 읽힌다. 말하자면 낭만 세대는 두 언어 사이의 '문화적 이중 언어자'다. 모국어를 빼앗긴 이중 언어자. 가끔씩 모국어를 그리워하는 것은 당연하다.

디지털에서 몸은 사라지고 사물은 멀다. 손가락 사이에

서 미세하게 진동하던 버튼이 사라졌다. 이제 화면 속 가상의 버튼도 사라지고 있다. 음악은 스스로 선택되고 소리는 접촉 없이 재생된다. 디지털에는 물성이 없다. 냄새가 없다. 피부는 닿을 곳이 없다. 마주칠 대상이 없으니, 몸은 기억할 것이 없다. 디지털 신호는 순간 나타나 감각을 자극하지만 바로 사라진다. 흔적을 남기지 않는다. 흔적이 없으니, 이야기가 남지 않는다. 영상 속 타인을 맞이할 때, 촉각과 후각은 사용되지 않는다. 그렇게 디지털 세상에서 몸의 기억과 접촉은 사라지고, 사물은 흔적을 남기지 않는다.

시간을 돌이킬 방안은 없다. 두 시절에 걸쳐진 몸은 현재에 적응할 뿐이다. 아날로그는 사라졌다. 그들이 경계를 건너온 시기는 세기말과 겹친다. 20세기의 마지막 시간을 통과해 21세기로 건너왔다. 세기말 불안은 젊음의 혼란과 섞였다. 시간은 되돌아갈 수 없는 경계를 만들었다. 건너온 세상은 많이 다르다. 이제 세계는 접촉의 대상이 아니라, 욕망의 대상이 되었다. 욕망은 돈으로 통일되었다. 세월이 짚어준 계획표에 따라 몸이 움직였다.

'나였던 그 아이는 어디 있을까, 아직 내 속에 있을까 아니면 사라졌을까?'• 시인처럼 질문하는 순간, 나는 나를 찾고 싶은지도 모른다. '나'라는 이야기를 다시 읽고 싶은 것이다.

• 파블로 네루다, 정현종 옮김, 『질문의 책』, 문학동네, 2013, 95쪽.

2장. 낭만의 폭발_세기말 불안, 청춘의 혼란

시간은 동일한 무게가 아니다. 전쟁 전과 전쟁 후는 다른 세상이다. 낭만 세대는 세기말을 건너왔다. 모든 것은 변했다. 그 변화의 결과가 '오늘, 여기'다. 현재 한국 사회의 물질적·정신적 기원은 대부분 세기말 어느 곳에서 시작된다. 그 한가운데에 그들의 들끓는 젊음이 있었다.

하나의 세기가 끝나고 새로운 세기가 시작될 때, 역사는 자주 변곡점을 그린다. '벨 에포크'는 프랑스어로 아름다운 시절이라는 뜻이다. 평화와 번영이 가득하던 19세기 말부터 1차세계대전 직전까지를 의미한다. '벨 에포크'는 20세기 초 파괴와 살육의 시대로 바로 연결되었다.

20세기 말, 사람들은 걱정하고 있었다. 세기말 역사가 반복될지도 모른다는 불안이었다. 20세기의 마지막 10년과 21세기의 첫 10년. 경계의 시간은 남달랐다. 세기말 불안은 어김없이 찾아왔다. 소련은 무너지고, 누군가는 '역사의 종말'을 노래했다. 다른 이들은 '인류의 종말'을 걱정했다.

사람들은 곳곳에 '세기말적世紀末的'이라는 형용사를 붙였다. 백화점은 무너지고, 한강의 다리는 추락했다. 경제 성장의 거품은 IMF 시대를 불러왔다. 군인들의 정치는 끝났지만 민주주의는 멀어만 보였다. 사람들은 연대하지 않았고, 개인들은 외로웠다.

이념의 광풍이 사라진 자리에서 사람들은 새로운 것을 찾아 헤맸다. 과거의 마지막과 미래의 시작이 한곳에 자리 잡았다. 영화는 강렬한 색감으로 불안했고, 테크노 음악은 기계음으로 날카롭게 노래했다. 어떤 이들은 세상의 종말과 휴거를 기다렸다.

낭만 세대는 20세기의 감성으로 21세기의 현실에 적응해야 했다. 모든 건넘에는 고통이 따른다. 어른이 되는 일은 힘겹다. 누구나 고통과 혼란 속에서 성인이 되어간다. 다만, 세기말을 건너야 했던 청춘들에게 어른이 되는 일은 더욱 어려웠고, 그들은 더 많은 것을 버려야 했다.

20세기의 마지막과 21세기의 시작을 그들의 눈으로 돌아보려 한다. 인터넷의 시대였으며 주식과 아파트 투기의 시대였다. IMF의 고통과 월드컵의 열기를 경험하기도 했다. X세대라는 이름의 세대론이 시작된 시기다. 많은 이들은 이 시기를 '낭만의 시대'라고 추억한다.

마지막 낭만이 살아 있던 시절. 지금이 설계되던 시기. 모든 것의 가능성이 소비되던 시대. 민주주의는 피를 요구했고, 낭만이 떠나간 자리에는 소비 사회가 자라나고 있었다. 1990년대와 2000년대를 되돌아보는 일은 그들을 이해하는 방법이자 현재의 한국 사회를 해석하는 방안이다.

Y2K?

새천년의 시작에 대한 희망과 기대가 점차 커지고 있지만 이제 Y2K 문제도 눈앞에 다가왔습니다. 지금 이 순간도 정부와 해당 기업체 직원 등 50여만 명은 Y2K 비상 근무 중에 있습니다.

―1999. 12. 31. 〈KBS 뉴스〉에서

1900년대의 마지막날. 각 방송사의 저녁 뉴스는 모두 한 단어로 시작하고 있었다. 'Y2K'. 낯선 이름은 그 시대를 경험한 사람들에게 낯설지 않은 기억으로 남아 있다. Y2K에 대한 추억을 기준으로 연령대를 나눌 수도 있을 것이다. 게임 이름도 아니고, 흥행 영화의 제목도 아니다. 상상 속 불안이 현재화하는 과정이었다. 이제 와서 보면 그것은 새로운 시작의 예고편이었다. 디지털이 생활 세계와 충돌하는 전초전이었다.

Y2K의 Y는 연도Year의 첫 글자이고, K는 1천을 의미하는 Kilo를 표시한다. Y2K를 '밀레니엄 버그' 또는 '컴퓨터 2000년 인식 문제'라고도 부른다. 말하자면 2000년을 맞아 발생할 수 있는 컴퓨터 소프트웨어의 오류를 뜻한다. 과거 컴퓨터들은 연도를 네 자리가 아닌 두 자리로 표시했다. 이렇게 되면 1900년과 2000년이 동일하게 00으로 저장되므로 구분이 불가능하다. 이와 같은 이유로 컴퓨터에 심각한 문제가 발생할 수 있다는 두려움이 전 세계를 휩쓸었다.

세계 모든 나라에 비상이 걸렸다. 미국은 1998년 2월 대통령 직속 2000년 이행 위원회를 설치했고, Y2K 대비를 위해 군사 컴퓨터 시스템 수천 개에 36억 달러를 쏟아

부었다. Y2K와 관련한 최악의 상상력은 핵무기 관련 부분에서 작동했다. 미국은 러시아의 핵무기 관리 상황에 대한 불안으로 콜로라도에 러시아군을 불러다놓았다. 위험 상황이 발생하지 않을지 러시아의 미사일 체계를 함께 점검했다.*

한국 정부는 합동 비상 대책반과 Y2K 정부 종합 상황실을 24시간 가동했고, 대기업들도 상황실을 설치했다. 문제 발생 가능성을 실시간 점검했다. 우리의 가장 심각한 염려는 북한 미사일에 대한 것이었다. 북한 미사일 발사 체계의 컴퓨터가 착오를 일으킬 수 있다는 두려움에 긴장감이 고조됐다. 컴퓨터 오작동으로 미사일이 발사되고, 전투기들이 오인 출격할 가능성은 그야말로 공포였다. 우발적인 무력 충돌 가능성에 대비해 국방부는 전군 비상 대기 명령을 내렸다.**

공포는 일상생활도 흔들었다. 대형 슈퍼마켓들은 Y2K

- 「특집 : Y2K 각국 대책_미국/캐나다」, 〈연합뉴스〉, 1999. 12. 22.
- 「Y2K 대책반/상황실 12월 30일부터 가동……」, 〈한국경제〉, 1999. 8. 27.
  「국방부, 북한군 Y2K 문제 발생 대비 12월 30일부터 전군 비상 대기 명령」, 〈KBS 뉴스〉, 1999. 12. 21.

재난에 대비한 '밀레니엄 버그 상품전'을 열었다. 밀레니엄 버그 상품은 쌀과 생수, 라면, 통조림, 부탄가스 등 만약의 사태에 대비해 마련한 품목이었다.* 웃지 못할 소란 중 하나는 재입대 공포였다. 컴퓨터가 연도를 잘못 인식해서 이미 전역한 사람들을 다시 입영 대상자로 분류할 수도 있다는 소문이 돌았다. 군대에 다시 입대할 수도 있다는 공포. 상상만으로도 악몽이었다.

다행히 1999년 12월 31일에서 2000년 1월 1일로 넘어가는 동안 특별한 일은 발생하지 않았다. Y2K라는 전 세계적 해프닝은 몇십 년 전 사건이다. 그때 그 사건을 기억하는 사람들이 'Y2K'를 검색 창에 넣어보면 놀랄 것이다. 이제 Y2K는 1990년대 말부터 2000년대 초까지 유행한 세기말 감성의 문화 트렌드를 일컫는다. 복고 열풍이 불면서 1990년대 말 패션 스타일이 Y2K 감성으로 팔리고 있다.**

Y2K가 패션과 대중문화에서만 반복되는 것은 아니다.

• 「Y2K 비상용품 장만하세요」, 〈매일경제〉, 1999. 11. 16.
「Y2K 비상용품 '불티'」, 〈서울신문〉, 1999. 12. 15.
•• 「'Y2K' 아련한 그 느낌, 2022년 최신 걸그룹 감성이라고?」, 〈한겨레〉, 2022. 9. 14.

역사는 가끔 변주되며 리듬을 반복한다. Y2K는 디지털 기술에서 발생한 문제가 바로 현실 생활의 문제로 나타날 수도 있다는 공포였다. AI 시대를 맞이하여, 기술 세계의 문제가 인간의 삶 전체를 흔들어놓을 수도 있다는 불안은 현재 진행형이다. 오늘날 인공 지능, 사물 인터넷 등 다양한 디지털 기술은 전보다 더 복잡하고 촘촘하게 일상에 침투해 있다.

Y2K와 같은 위기는 언제든 다시 시작될 수 있다. 하나의 알고리즘 오류, 사이버 공격, 데이터베이스의 손상은 의료 시스템, 전력망, 금융 시스템 등등 현실 세계 전체의 재난으로 이어질 수 있다. 1999년 Y2K는 상상 속 공포로 마무리되었다. 다시 한번 디지털이 공포로 모습을 바꾼다면, 그 충격은 더 현실적이고 즉각적일 것이다. 기술의 오류 가능성은 언제나 존재한다. 기술 사회는 언제나 위험을 기반으로 평화로운 사회를 유지한다.

전 세계를 공포로 떨게 한 Y2K는 상상 속 문제로 지나갔지만, 비슷한 시기 대한민국은 상상보다 먼저 찾아온 현실로 인해 대재앙 속으로 빠져들고 있었다. 그것이 다가올 때까지는 아무도 알지 못하던 낯선 단어. 뉴스에서 처음 들어본 영어 이니셜. 그 의미를 정확히 이해하는 데는 시간이 걸렸다. 어떤 이들에게 그 단어는 아직도 커다란 상처로 남아 있다. 그 단어를 처음 알려주던 뉴스 진행자의 목소리는 떨렸다.

> 시청자 여러분 정부가 결국 국제통화기금 IMF에 구제금융을 신청하기로 했습니다. 경제 우등생 한국의 신화를 뒤로한 채, 사실상의 국가 부도를 인정하고 국제기관의 품안에서 회생을 도모해야 하는 뼈아픈 처지가 된 겁니다.
> ―1997. 11. 21. 〈MBC 뉴스〉에서

세기말이었다. 새로운 세기로 연결되는 세기말과 전혀 다른 세기말이었다. 새로운 세기가 언제 시작될지 알 수 없었다. 이제 새로운 시간은 오지 않을지도 모른다고 말하는 사람들도 있었다. 재계 서열 30대 기업 집단 중 11개 기업 집단이 해체되었다. 은행과 증권사가 문을 닫았다. 공공 부문 인력의 20퍼센트가 직장을 잃었다. 거리에는 실업자들과 노숙자들이 넘쳐났다. 자살률이 급증했다. 갈 곳 없는 가장들은 양복을 입고 거리를 배회했다.

　IMF 외환 위기를 경술국치나 한국전쟁과 비교하기도 한다. 경제 주권은 IMF(국제통화기금International Monetary Fund)으로 넘어갔다. IMF 담당자들의 말에 따라 금리가 결정되었고, 회사는 문을 닫았다. 누군가는 IMF를 I'M Fired!라고 읽었다. 어쩌다가 이 지경까지 되었는지에 대하여는 수많은 논쟁이 있다. 태국에서 시작된 동아시아 금융 위기가 원인이기도 했고, 외환 관리 정책의 문제이기도 했으며, 대기업의 차입 경영과 금융의 부실 문제이기도 했다.

　분명한 것이 있다. 쉬지 않고 달려가던 한국 경제가 선진국 문턱에서 주저앉았다는 사실이다. 1995년 1인당 국민 소득 1만 달러 돌파. 1996년 OECD(경제협력개발기구) 가입. 1997년 IMF 외환 위기. 천장 높은 줄 모르고 퍼덕이던 날개가 한순간 부러졌다. 한국의 IMF 구제 금융 신청에 대하여 영국의 한 언론은 '졸부의 예견된 몰락'이라고 비꼬았다. 한국의 일부 언론은 그 표현을 인용했다.* 졸부란 자신의 노력이 아닌 갑작스러운 횡재로 부자가 된 사람을 의미한다.

---

* 강준만, 「제8장 IMF 사태의 충격 1997년」, 『한국현대사산책 1990년대편』 3권, 인물과사상사, 2006, 91쪽.

그러나 한국의 경제 성장은 결코 횡재의 결과가 아니었다. 한국은 전쟁의 폐허 속에서 기적과 같은 성장을 이루어 냈다. 그것은 부모 세대가 흘린 피와 땀의 결실이었다. 사람들은 조롱의 대상이 된 성적표를 바라보며 혼란에 빠지기 시작했다. 가장의 실직으로 위기에 빠진 가족들. 그들은 열심히 살아왔을 뿐이다. 처음 들어보는 단어 IMF가 왜 자신들의 삶을 가로막는지 정확히 알 수는 없었다. 다만, 사람들은 조금씩 무언가를 깨달아가고 있었다.

IMF는 많은 것을 변화시켰다. 국가 정책만 믿고 달려온 삶이었다. 한순간 국가의 구제 금융 신청으로 모든 것이 망가졌다. 정부의 정책과 공공의 영역은 신뢰를 잃었다. IMF는 극복했지만, 그 과정에서 빈부 격차는 더욱 심화했다. 신뢰할 것과 지켜야 할 것은 단 하나만 남았다. 내 가족. 가족주의가 강화하고 나머지는 자리를 잃기 시작했다. 내 가족, 내 새끼 위주의 무한 경쟁 체제가 자리를 잡았다.* 붉은 여왕의 세상이 시작된 것이다.

---

* 같은 책, 92쪽.

여기서는 같은 곳에 있으려면 쉬지 않고 힘껏 달려야 해. 어딘가 다른 데로 가고 싶으면 적어도 그보다 두 배는 빨리 달려야 하고.

─루이스 캐럴, 『거울 나라의 앨리스』에서

소설 속 붉은 여왕이 사는 곳에는 이상한 법칙이 존재한다. 누구나 자신의 자리에서 멈추는 순간 뒤처진다. 자신의 자리를 유지하기 위해서는 쉬지 않고 달려야만 한다. 자신을 둘러싼 세상이 계속 움직이기 때문이다. 달려가고 있는 세상에 올라탄 이상, 함께 달려야만 한다. 쉬지 않고 노력해야 간신히 제자리라도 유지할 수 있는 세상이다. 모두 깨달았다. 우리는 이미 이상한 세상에 올라탄 것이다.

최선을 다해 노력해야 간신히 생존할 수 있음을 뼈저리게 느꼈다. 꿈을 꾸는 것도 생존하고 나서야 가능하다. 2001년 8월 23일 IMF 관리 체제가 종료되었다. 새로운 세기가 시작되었다. IMF는 마무리되었지만, 흔적은 남았다. 오래도록 지속될 흔적이다. 아이들은 과학자가 되어 우주를 탐험하고 싶었지만, 부모들은 공무원이나 의사가 되어 평생 해고의 불안 없이 살아가기를 원했다. 벼랑 끝을 경험해본 사람은 현실적이 된다. 우리를 지켜줄 수 있는 것은 꿈이 아니다. 돈이다. 돈에 대한 욕망은 시대정신이 되어갔다.

욕망이 봇물처럼 터져 흘렀다. 벤처와 코스닥, 부동산과 강남. 붉은 여왕의 세상은 새로운 방향으로 전력 질주를 시작했다. 새로운 세기는 새로운 것들을 준비하고 있었다. 과거의 교훈과 미래의 관심은 하나로 모였다. 사람들은 모여서 같은 이야기를 했다. 돈이었다. 벤처 열풍과 코스닥으로 돈벼락을 맞은 사람들 이야기가 화제에서 빠지지 않았다. 온라인으로 주식 거래를 시작했고 주식 시세표는 모니터에 고정되었다.

강남 부동산의 시대가 시작된다. 시작은 '전세 대란'이었다. 1999년 서울 개포동 대청 아파트의 가격은 9천만 원에 불과했지만, 전세 가격은 8천만 원에 달했다. 외환 위기로 너나없이 집을 팔고 전세로만 수요가 쏠린 탓이다. 2000년 이후 강남 아파트에 투기 바람이 불면서, 가격은 수직 상승한다. 분양가 수천만 원이던 대치동 은마 아파트와 우성 아파트가 10억 원 이상으로 뛰어오른 것도 이때였다.

한글과컴퓨터, 한국정보통신 등의 주가는 50배가 뛰었다. 다음커뮤니케이션, 새롬기술 등은 주당 1백만 원을 넘었다. 묻지마 투자와 작전 세력이 유행처럼 번졌다. 강남 아파트는 부자의 기준이 되었다. 벤처에 투자한 사람들 대다수는 실패했다. 각종 게이트(진승현, 정현준, 이용호)가 난무했다. 극단적인 양극화가 시작된다. 세기말을 건넌 사람들은 그렇게 새로운 사회를 맞이했다. 투기 사회였다.•

  Y2K와 IMF 외환 위기는 모두 지나간 사건이다. 사건은 언젠가 분명 마무리되기 마련이다. 시간의 흐름은 어떤 사건이든 잊게 한다. 심지어 Y2K가 그 시절을 겪어보지 못한 젊은이들에게 낭만적인 복고 패션의 이름이 되었듯. 사건은 세월과 함께 사라졌지만, 그곳에 있던 사람들의 가슴속에는 무언가가 남았다. Y2K는 과학이 위험으로 현실 속에 침입한 사건이다. 세상은 한순간 기술을 공포로 인식할 수 있다. 전문가들은 AI의 미래 속에 숨어 있는 위험을 경고한다. Y2K는 오래된 미래였을지도 모른다.

  한국의 세기말은 특별했다. 경제 위기로 한순간 모든 것을 잃는 경험을 했고, 위기를 극복했다. 그 과정과 맞물리며 하나의 세기가 끝나고 새로운 세기가 시작되었다. 새로운

•   강준만, 「제10장 다시 '소비의 시대'로 1999년」, 『한국현대사산책 1990년대편』 3권, 인물과사상사, 2006, 326-327쪽.

세기는 낭만적 미소로 다가오지 않았다. 거울 나라의 붉은 여왕은 진화 생물학의 '붉은 여왕 가설Red Queen's Hypothesis' 과 연결된다. 붉은 여왕 가설은 생존을 위해 끊임없이 적응해야 하는 진화의 역설을 설명한다. 경영학 등에서는 현대인의 치열한 생존 경쟁을 설명하는 은유로 원용한다. 살아남기 위해서는 적응해야 한다. 살아남는 일은, 힘든 일이고, 슬픈 일이기도 하다.

장국영이 죽었다

발 없는 새가 있지. 날아가다가 지치면 바람 속에서 쉰대. 평생 딱 한 번 땅에 내려앉을 때가 있는데 그건 죽을 때지.

—영화 〈아비정전〉에서

1990년. 장국영 주연, 왕가위 연출, 영화 〈아비정전〉이 개봉했다. 1900년대의 마지막은 홍콩 영화의 절정기였고, 왕가위 감독의 시절이었다. 영국령 홍콩은 1997년 중국으로 반환이 예정되어 있었다. 문화적 자유에 홍겹던 홍콩은 불안했다. 1989년 천안문에서 수많은 젊은이들이 죽어간, 바로 그 중국 때문이다. 부자들은 캐나다 등으로 국적을 옮겼다. 세기말의 시간적 배경에 홍콩의 공간적 불안이 더해졌다. 혼돈의 정서는 독특한 미학적 재료다.

이소룡의 무협도 아니었고, 〈영웅본색〉과 같은 홍콩 느와르와도 달랐다. 카메라는 흔들리고, 색깔은 강렬했다. 영화 속 인물들은 모두가 모두를 소외시켜 서로가 외로웠다. 홍콩의 밤거리가 잔상처럼 남아 있는 화면에 도시의 서정이 배어든 음악이 깔리면 왕가위 영화가 시작된다. 그 시절 왕가위 영화는 문화적 코드였다. 〈아비정전〉(1990), 〈중경삼림〉(1995), 〈해피투게더〉(1998), 〈화양연화〉(2000), 〈2046〉(2004). 세기말을 건너가던 시간의 우울을 화면이 덮어쓰고 있었다.

왕가위 영화가 수입되던 세기말, 또다른 문화적 코드가 한국에 상륙했다. 정부는 1998년 일본 대중문화 개방 정책을 발표했다. 4차에 걸친 순차적 개방이었다. 세계적인 영화제 수상작과 한일 공동 제작 영화 등이 우선 개방 대상이었다. 우려에도 불구하고 개방 원년인 1998년 12월에 수입

된 영화 〈하나비〉와 〈카게무샤〉의 파급력은 크지 않았다.*
볼 사람들은 이미 다른 통로로 다 보았다는 소문이 돌았다.

1999년 11월 "오겡키데스카"로 알려진 일본 영화 〈러브 레터〉가 한국의 극장에서 상영된다. 정확한 관객 집계는 어렵지만, 관람객은 서울 1백15만 명, 전국 3백만 명쯤으로 추산된다. 영화 〈타이타닉〉(1998)이 약 1백97만(영화진흥위원회 추산. 서울 기준) 관객이 들어 최고 흥행작으로 꼽히던 시절에 로맨스 영화가 불러들인 관객으로는 놀랄 만한 성적이었다.** 이후 일본 영화 〈링〉(1999), 〈주온〉(2003), 〈착신아리〉(2004) 등이 상영되면서 'J호러'라는 새로운 유행을 만들었다.

한국 영화는 커다란 변화를 내부에서부터 준비하고 있었다. 영화 잡지 〈KINO〉와 〈씨네21〉이 1995년 창간되었다. 영화의 매력에 빠진 젊은이들이 많아지고 있었다. 한국영화아카데미 등 영화 교육 기관은 젊은 영화인들을 길러냈

- 「백 투 더 동아/10월 20일_1998년 일본 대중문화, 한국 상륙」, 〈동아일보〉, 2017. 10. 19.
- 「하늘로 떠난 주인공 그리웠나⋯⋯ 30년 지나도 뜨거운 '러브레터'」, 〈조선일보〉, 2025. 1. 14.

다. 신선한 기획은 모험적 투자와 만나 역사를 만들었다. 1999년, 당시로서는 천문학적인 제작비 30억 원을 투자한 한국형 블록버스터 〈쉬리〉가 개봉했다. 전국에서 약 6백95만 관객을 동원했다. 할리우드 블록버스터 〈타이타닉〉을 뛰어넘는 대기록이었다.

영화뿐만이 아니었다. 1990년대는 한국 대중음악의 르네상스였다. 양과 질 모든 면에서 대중음악에 대한 관심이 폭발했다. 80년대까지 청년 문화의 절대적인 비중을 차지하던 영미 팝 음악의 아성을 가요가 무너뜨렸다. 신해철, 김현철, 신승훈, 김건모, 이승환, 서태지와 아이들, 듀스 등 '신세대' 뮤지션들의 전성기였다. 다양성과 완성도에서 외국의 대중음악에 뒤지지 않았다. 한국 가요에 대한 고정관념이 바뀌고 있었다.•

발라드와 댄스 음악이 대중음악계를 뒤흔들었다. 1995년 발매된 김건모 3집은 2백만 장 이상 판매되었다. '길보드'라고 불리던 불법 복제 노점상들이 어디에나 있었다는 점을 고려한다면 믿을 수 없는 판매량이다. 90년대 중반을 넘

• 「'신인류'가 꽃피운 90년대 대중음악 르네상스」, 〈한겨레〉, 2013. 12. 4.

어가면서 젊은이들은 민주주의를 노래하기보다 대중가요를 따라 불렀다. 노래방의 유행도 무시할 수 없는 원인이었다. 홍콩과 일본 등 다양한 국적의 영상이 흐르던 시기, 대중음악이 영상과 새로운 방식으로 접속하기 시작한다.

애절한 사랑 노래가 감각적인 영상과 하나가 된다. '드라마타이즈 뮤직비디오'가 출현했다. 조성모의 〈To Heaven〉 뮤직비디오를 처음 본 순간을 기억하는 세대가 있다. 새로 만들어진 가요들은 당대 최고의 배우들이 출연한 영상과 함께 발표되었다. 조성모의 〈To Heaven〉(1998), 〈아시나요〉(2000), 〈가시나무〉(2002), 포지션의 〈I Love You〉(2000) 등, 짧은 영화 한 편이 음악과 함께 흘렀다. 2020년대 유행하는 쇼트무비의 시작이 드라마타이즈 뮤직비디오라고 주장해볼 수도 있을 듯하다.•

발라드와 댄스 음악만 있던 것은 아니다. 음악이 영상과 만나 뮤직비디오 열풍을 만들었다면, 컴퓨터 혁명과 세기말 코드는 테크노 음악을 탄생시켰다. 음악은 연주되지 않았다. 소프트웨어가 일정한 소리를 반복했다. 금속성의 기

• 「6분짜리 드라마에 세계가 반응했다…… '기승전결' 감성 서사 뮤직비디오의 귀환」, 〈매일경제〉, 2024. 7. 12.

계적 분위기와 세기말 젊음이 만나 '레이브 파티'가 시작된
다. 일명 '도리도리춤'을 추며, '트랜스$_{trance}$'라고 부르는
무아지경 속으로 빠져들었다. 테크노 마니아들은 컴퓨터
통신 동호회를 중심으로 모임을 꾸리고 레이브 파티를 준
비했다.•

초고속 인터넷이 깔리고 컴퓨터 통신과 인터넷 방송이
시작됐다. 2000년 12월 11일 〈타임〉지의 커버스토리는
'Korea Gets Wired(한국이 인터넷으로 연결되다)'였다. 세계
는 한국의 정보 통신 인프라와 인터넷 이용 모습에 놀라고
있었다. 1999년 말 37만 가구에 불과하던 고속 인터넷 가
입자는 2000년 말에는 4백만 가구를 돌파했다. 인구 대비
가입 가구 수를 따져볼 때, 전 세계에서 가장 높은 수준이
었다. 그 시절 한국은 세계에서 가장 앞선 초고속 정보 통
신 인프라를 보유했다.••

소통의 방식이 변화하고 있었다. 소통의 방식이 바뀌면
일상의 내용이 변한다. 철도가 깔리면 역 주변에는 도시가
만들어지기 마련이다. 상업이 변하고 사람들은 다른 삶을

• 「세기말 감성 표현 '테크노' 열풍」, 〈매일경제〉, 1999. 9. 22.
•• 「초고속정보통신망, 선진국보다 앞서가」, 〈우체국과 사람들〉, 2001. 2.

살게 된다. 열차가 운반하는 내용물은 그다음 문제다. 사람들은 PC방에 앉아 얼굴 모르는 사람들과 소통했다. 낯선 세계가 시작된 것이다. 모르는 사람들과 편을 나눠 게임을 하기도 했다. 이전 세대의 눈으로 본다면, 공상 과학 소설 같은 일이었다.

1998년 〈스타크래프트〉와 〈리니지〉가 등장했고, 1999년 초고속 인터넷을 장착한 PC방이 생겨나기 시작했다. 1999년은 노래방이 가장 많이 늘어난 해이기도 하다. 연간 8천 개 이상의 노래방이 영업을 시작했다.* 신인류新人類의 풍경이었다. 세기말 청춘들은 잔디 위가 아니라 땅 아래 노래방에서 노래한다. 운동장이 아니라 모니터 앞에서 놀이를 시작한다. 누군가 멀리서 본다면 세기말 이전과 이후는 다른 시공간으로 나눌 수도 있을 것이다. 모든 현재는 그 시절에 시작되었다.

2003년 4월 1일, 왕가위 감독의 페르소나 장국영은 호텔 24층에서 몸을 던졌다. 만우절이었다. 거짓말 같은 죽음이었다. 〈아비정전〉 속 그의 대사처럼 발 없는 새가 땅에 내

• 「노래방 보고서_한국 최초는?…… 세기말, 1999년 폭증」, 〈아시아경제〉, 2019. 7. 28.

려앉았다. 홍콩 영화의 빛나던 시절도 함께 내려앉고 있었다. 중국으로 편입된 홍콩은 더는 낭만의 홍콩이 아니었다. 홍콩의 낭만이 사라지던 그 순간, 새로운 문화 강국이 떠오르고 있었다. 당시로서는 누구도 상상할 수 없는 일이었다. 그렇게 또하나의 현재가 시작되고 있었다.

2003년 4월, 일본의 위성 채널에서 한국 드라마 한 편이 방영을 시작했다. 〈겨울 소나타 冬のソナタ〉라는 드라마였다. 한국에서는 그 전해에 '겨울연가'라는 제목으로 방영되었던 드라마다. 입소문이 나면서 NHK 지상파에서 다시 방송됐다. 심야 시간대였지만 시청률이 20퍼센트를 넘었다. 일본 중장년 여성들을 중심으로 엄청난 인기를 끌게 되었고, 사회 현상이 되었다. 문화는 생각을 움직이고, 생각이 바뀌면 모든 것은 달라진다. 〈겨울연가〉의 흥행은 일본 사회를 변화시켰다.

〈겨울연가〉와 관련된 모든 것은 흥행에 성공했다. 소설, 가이드북, 드라마를 활용한 한국어 교재 등등. 배용준의 애칭 욘사마는 일본 최고 유행어가 되었다. 드라마 세트장을 구경하고 주연 배우를 만나는 관광 상품이 성공했다. 한국 서적을 구입하고, 한국식 식사를 즐기고, 한국어를 공부하는 일본인도 늘어났다.* 일본은 한때 문화적 모방의 대상이었다. 일본 문화를 개방하면 우리 문화 산업이 모두 망한다고 걱정하던 때가 있었다. 당시의 눈으로 본다면 기적 같은 일이다.

같은 시기, 2003년 4월과 11월. 봉준호 감독의 〈살인의 추억〉과 박찬욱 감독의 〈올드보이〉가 개봉했다. 이후, 박찬욱 감독은 칸국제영화제에서 2004년에는 〈올드보이〉로 심사위원대상을, 2009년에는 〈박쥐〉로 심사위원상을 수상하고, 2022년에는 〈헤어질 결심〉으로 감독상을 수상했다. 봉준호 감독은 〈기생충〉으로 2019년 칸국제영화제에서 황금종려상을 수상하고, 2020년 아카데미 시상식에서 작품상, 감독상 등 4관왕을 달성한다. 새로운 현재가 등장하고 있었다.

이제 한국 문화는 세계 주류 문화다. 문화 강국 대한민국은 영화 〈기생충〉과 드라마 〈오징어 게임〉을 만들었다. '방탄소년단'은 세계적 아이돌이다. 영화와 대중음악 분야뿐

---

* 「욘사마, 이치로보다 더 많이 불렸다⋯⋯ 일 아사히신문 올 최대 유행어 선정」, 〈한국경제〉, 2006. 4. 2.
  「문화 이슈_日本은 왜 '겨울연가'에 열광하나」, 〈월간중앙〉, 2004. 6. 15.

만이 아니다. 조성진, 임윤찬은 클래식 음악계의 젊은 스타다. 뮤지컬 〈어쩌면 해피엔딩〉은 2025년 6월 8일 토니상 시상식에서 작품상 등 6개 부문을 수상했다. 작가 한강으로 인해 한국인은 노벨문학상 수상작을 원서로 읽을 수 있다.

문화는 눈에 보이지 않는 정신적 가치를 품게 된다. 이제 한국적 가치는 어디서든 이야기할 수 있는 콘텐츠다. 한국은 더는 가난한 나라도 아니고, 경제 성장만 추구하는 졸부의 나라도 아니다. 경제 성장은 문화적 도약으로 연결되었다. 우리와 다른 문화를 적극적으로 수용했다. 젊은 가능성을 인정했고, 다이내믹한 문화적 기운을 받아들였다. 하나의 세기를 마무리하고 다른 세기를 시작하는 동안, 한강의 기적은 문화의 기적으로 꽃피었다.

칸영화제와 아카데미가 인정한 영화 〈기생충〉은 2019년 개봉했다. 넷플릭스 역사상 가장 흥행한 시리즈 〈오징어 게임〉은 2021년 처음 방영했다. 새로운 세기가 시작된 후, 20년이 지난 시점이다. 문화는 시대정신을 반영한다. 우리의 세계관을 드러낸다. 두 작품이 이야기하는 한국 사회는 많이 닮아 있다. 불평등과 갈등, 계층 이동의 한계, 인간 존엄에 대한 의문. 외국인들은 'Squid Game'(오징어 게임)을 지옥

같은 적자생존을 표현하는 대명사로 사용하기도 한다.•

여러 세대가 하나의 시간대에서 함께 살아간다. 각자의 경험으로 문화를 즐기고 만든다. 낭만 세대에게는 TV에서 〈주말의 명화〉 서부 영화를 보던 추억이 있다. 한국 영화는 방화였고, 대중음악은 외국 곡을 번안한 노래였다. 나면서부터 새로운 세기의 문화를 받아들인 젊은 세대도 있다. 그들에게는 문화 강국 대한민국이 낯설지 않다. 두 세대는 전혀 다른 문화적 감수성으로 문화를 즐긴다. 두 세대는 동일한 시대에 함께 살고 있지만, 감성의 나이테는 많이 다르다.

문화적 환경은 세기말을 지나며 전혀 다른 세기를 맞이했다. 세기말을 기준으로 세기말 전 세대와 그 이후 세대의 감수성은 전혀 다르다. 두 종류의 문화적 감수성은 한곳에서 모인다. 우리 문화 산업의 수준은 높고, 표현의 방식은 세련됐다. 하지만 문화가 담아내는 우리 삶의 본질은 여전히 질문으로 남아 있다.

• 「"오징어 게임 1일차, 생존하셨습니다"…… 슬픈 현실 풍자한 이 회사 직원들」, 〈매일경제〉, 2022. 11. 18.

미리 찾아온 종말

1992년 10월 28일 밤, 서울 어느 주택가에 하얀 옷을 입은 사람들이 모여들었다. 경찰들은 혹시 발생할지도 모를 불상사에 대비하고 있었다. 언론사들은 일찍부터 취재중이었고, CNN과 같은 외신들도 보였다. 그날의 주인공은 이장림 목사를 따르는 시한부 종말론자들로, '다미선교회'에 소속된 사람들이었다. 다미선교회는 '다가올 미래를 준비하라'라는 의미라고 한다. 이장림의 책 제목이기도 하다.

이장림 목사는 종교 관련 책자를 읽다가 영어 단어 'Rapture'를 '공중 들림, 휴거携擧'로 번역하면서 시한부 종말론을 만들어냈다. 휴거 날짜는 1992년 10월 28일. 노스트라다무스의 예언서와 이장림이 알고 지내던 아이의 예언을 종합하면, 1999년 10월 지구는 종말을 맞이한다고 했다. 『요한계시록』에는 종말 전 7년 동안 짐승이 지배한다고 기록되어 있다. 1999년 10월을 종말과 예수 재림으로 생각했을 경우, 7년을 거슬러오른 1992년 10월이 휴거일이다.• 노스트라다

• 「역사 속 오늘 리뷰_10월 28일 다미선교회 휴거 소동」, 〈파이낸셜리뷰〉, 2022. 10. 28.

무스의 예언과 성서의 문자주의 해석이 만난 결과다.

'1992년 10월 28일 휴거', '예수님 공중 재림'과 같은 낙서를 골목길 담벼락에서 목격할 수 있었다. 다양한 시한부 종말론이 유행했다. 당시 언론에 의하면, 종말론 추종 신도는 2만여 명, 이중 5천여 명은 가정이나 생업, 학업을 포기한 채 종말을 기다렸다. 휴거론자들은 국내외 1백60개 조직, 10만여 신도가 있다고 주장했다. 경찰관, 동사무소 직원, 역무원, 국내 굴지 대기업 사원 등이 직장을 그만두고 휴거를 기다렸다. 일부 청소년은 학업을 포기하고 가출까지 했다. 휴거를 앞두고 자살하거나, 신도를 구타하는 등 끔찍한 사건도 계속됐다.••

1992년 10월 28일까지만 연명할 재산을 들고 기도에 몰두하는 사람들이 한둘이 아니었다. 1992년 8월 12일 대검찰청은 본격적인 수사를 지시했다.••• 이장림 목사에 대한

• 「종말론 서적 번역하며 심취_이장림 목사는 누구인가」, 〈한국일보〉, 1992. 9. 25.
•• 「종말의 날 감방서 자고 있었다⋯⋯ '휴거' 그 교주의 비밀」, 〈중앙일보〉, 2025. 1. 9.
••• 김형민, 「휴거 소동」, 『접속 1990 : 우리가 열광했던 것들』, 한겨레출판, 2015, 90쪽.

수사가 시작되었고, 수십억 원을 신도들에게 받아 유용한 혐의로 구속했다. 1992년 10월 28일 자정. 하얀 옷을 입은 사람들은 울부짖으며 기도했지만, 아무도 하늘로 들려 올라가지 않았다. 목사들은 담을 넘어 도망쳤고, 몇몇 신도들은 책상을 뒤집어엎었다. 어떤 신도는 이렇게 외쳤다고 한다. "형제 여러분! 우리 시간이 아니라 이스라엘 시간으로 12시입니다!" 이스라엘 시각으로 12시가 돼도 휴거는 일어나지 않았다.•

세기말이라는 시간적 배경은 종말론이 자라난 토양이 되었다. 때마침 1991년 세기말을 열며 시작한 걸프 전쟁은 CNN을 통해 전 세계로 송출되었다. 사람들은 화면 속 폭격 장면과 비디오 게임을 혼동하기도 했다. 전쟁의 지옥도와 가상의 화면이 구분되지 않는 현실이야말로 종말이 아니었을까? 1990년대 말이 다가오자, PC 통신에는 종말론 관련 대화방들이 넘쳐났고, 〈아마겟돈〉과 〈딥 임팩트〉 같은 지구 종말 영화들이 상영되었다. 1993년 하이텔 PC 통신에서 시작된 세기말 판타지 소설 『퇴마록』 시리즈는 장르 소설 최

• 같은 책, 91-92쪽.

다 누적 1천만 부 이상의 판매고를 올렸다.* 사람들은 종말, 휴거, 퇴마와 같은 초자연적인 무엇인가를 기대하고 있었을지도 모른다.

무슨 일이 일어난 것일까? 세기말 대한민국에서 유행한 종말론. 다미선교회를 포함한 다양한 종교 단체에서 수많은 사람들이 종말이라는 마약에 취해 있었다. 도무지 이해할 수 없는 소동이었다. 어떻게 개신교 목사가 종말의 날짜를 점지하는 무당이 되었을까? 많은 사람들이 무속적 신비주의로 빠져든 이유는 무엇이었을까? 지금 보면 거짓말 같다. 그러나 사회 전체를 혼란에 빠뜨린 신비주의와 무속적 세계관은 한국 사회에서 현재 진행형이다. 다미선교회의 휴거 사건은 예고편이었다. 먼저 그 근원부터 생각해본다.

대한민국은 국교國敎가 없는 나라다. 대부분 문명국가들은 국교가 없다. 종교의 자유를 인정한다. 형식적으로는 그렇다. 문화로서의 종교를 생각해본다면, 이야기가 달라진다. 서양 문명의 뿌리에 기독교 문화가 있다는 사실을 부정

• 「확대경_세기말 공포…… 종말론 신드롬 '맹위'」,〈조선일보〉, 1999. 1. 13.
「천만 부 팔린 韓 오컬트 원조…… '퇴마록' 작가 "왼쪽 시신경 죽었다"」,〈중앙일보〉, 2025. 1. 19.

하기는 힘들다. 많은 서양인들은 진지한 기독교 신앙인은 아닐지라도 역사적으로 공동체 문화에 스며든 종교적 가치관과 관습을 공유한다. 같은 언어를 사용하고, 같은 종교적 관습에 묶여 있는 사람들이 자연스럽게 국가 공동체를 유지한다. 국민은 보이지 않는 끈으로 묶여 있다. 보이지 않는 정신적 연결망은 많은 경우 종교적 체험에 가깝다. 동일한 과거를 말하고, 같은 종교적 신화를 배운다는 사실은 자연스럽게 국민을 국민으로 만든다.

서양 대부분의 국가는 아브라함 계통 종교(유대교, 천주교, 개신교, 이슬람교)를 공동체의 문화적 배경으로 삼는다. 일본에는 신토神道가 있으며, 상징적 의미의 천황이 있다. 중국에서는 유불선의 전통 종교 문화와 종교적 숭배에 가까운 사회주의가 국가의 정신적 재료가 된다. 서양의 종교는 민주주의와 자본주의의 기초가 되었으며, 그것들과 역사의 궤를 함께했다. 종교적 사고에서 '신 앞에 선 단독자'라는 개인 개념이 탄생했다. 신 앞에서 자유로운 개인에게 천부인권이 인정되며, 모두는 신 앞에서 평등하다. 개인들의 신성한 자유 의지는 민주주의의 토대이며, 직업은 신이 부여한 소명이다.

우리는 많이 다르다. 한반도에서 자리잡았던 권력들은 역사의 진행에 따라, 때로는 불교를, 때로는 유교를 정신 문화의 근거로 삼았다. 국가 권력이 교체되면 종교가 변하기 마련이다. 성리학을 숭상하던 조선의 유교 문화는 근대에 들어 모호해졌다. 새마을을 만들자는 노래가 울려퍼지던 대한민국에는 새로운 종교가 필요했다. 전통으로 이어져 오던 서사가 아니라 새로운 희망의 서사가 필요했다. 가난한 나라의 농촌 공동체가 버려지던 자리에 서양의 가치관이 종교의 모습으로 수입되었다. 정신적·종교적 진공 상태 속에 개신교가 밀려 들어왔다. 미국으로부터 이식된 민주주의가 함께 끌고 온 개신교. 미국은 개신교였고, 개신교는 미국이었다. 개신교 문화는 대한민국이라는 국가 공동체의 성장판으로 작동했다.

부자를 소망하던 최빈국의 가난한 사람들과 미국 유학을 꿈꾸는 지식인들은 모두 미국인처럼 고기를 먹고, 미국인처럼 영어를 하고 싶었다. 선교사들의 희생으로 시작된 한국 개신교는 한 순간 경제 성장 신화와 함께 폭발한다. 단일 개신교 교회로는 세계에서 가장 크다는 순복음교회의 부흥 신화와 기적의 경제 성장을 기록한 대한민국의 성공 신화가 서로를 응원했다. 가난한 기도는 본능에 가깝다. 누구에게 기도하는지는 중요하지 않다. 가난한 어머니들은 자식을 위해 교회 마루와 산속 기도원에서 무릎을 꿇고 허리를 구부렸다. 아이들은 자라났고, 경제는 쉬지 않고 커나갔다.

교회 주일학교에서 받은 사탕을 자랑하던 꼬마는 교회 오빠가 되었지만, 어느 날부터 청년은 목사의 말을 믿지 않는다. 생각해보면 당연한 일이다. 이곳은 본래 무속의 땅이었다. 누군가의 말처럼 한국에서는 모두가 무당이다. 한국 사람들은 태몽을 꾸고, 꿈에 따라 복권을 사며, 촉이 오고, 감을 잡는다. 모두가 영적인 능력을 나타내는 표현이다. 당연하게도 다른 종교들도 여기에서는 무속이 되어야 살아남는다. 불교의 법당 뒤에는 토착 신을 모신 산신각과 칠성각이 있다. 한국 개신교는 새벽 기도와 산 기도의 무속 전통을 이어받았다. 무당처럼 소리를 지르며 울부짖는다. 더 영험한 여호와 신으로 갈아탔을 뿐이다.•

불교든 개신교든 무속의 시간에서는 즉각적이고 현세적

• 홍대선,「무속의 민족」,『한국인의 탄생』, 메디치미디어, 2024, 62-65쪽.

인 축복이 중요하다. 자아의 종교적 성찰이 아니라, 자아의 탐욕적 폭발을 추구한다. 무속이 되어버린 개신교는 '아멘'만 외치면 축복을 받는다며, '구원'을 상품으로 진열하기 시작했다. 미국적 부흥 신학은 한국의 70년대와 80년대 고도 성장기를 지나면서 잘 먹고 잘사는 것이 구원이며 천국이라는 식의 무속적 교리를 전파했다. 경제가 자라듯 교인의 수도 늘어갔다. 도시의 산에 올라보면, 교회 십자가뿐이다. 구원은 값싼 물건이었고, 교회는 구멍가게처럼 흔했다. 아이들은 어른이 되어가며 이성적 사고를 배운다. 이성은 무속을 배척한다. 개신교 부흥의 신화도 연료가 고갈되었다.

시대가 변했다. 독재자에게 축복 기도를 하던 한국 교회를 의심의 눈으로 바라보는 지식인들이 늘어났다. IMF 이후 경제 성장의 그늘을 경험했지만, 개신교는 여전히 성찰의 시간을 거부한다. 욕망의 극대화라는 무속의 풍선을 불어댄다. 무속은 고등 종교와는 전혀 다른 정신 체계다. 종교는 삶의 이면裏面에 있는 두터운 의미와 가치를 찾아 나를 변화시킨다. 무속에서는 지금 여기서 만나는 현실의 표피表皮가 중요하다. 내가 변하는 것이 아니라 세상이 나를 중심으로 변해야 한다. 다미선교회의 이장림은 무속의 땅에서 무당의 방법으로 부흥을 배운 개신교 목사였다. 그가 무속적 신비주의 예언서를 읽고 종말의 날짜를 선포한 일이 뜬금없지만은 않다.

1990년대, 미국식 개신교의 성장주의 신화가 추락하기 시작했다.• 개신교 인구는 1992년경부터 급격히 하락한다. 청년들은 교회를 거부하고 교회는 고령화했다.•• 개신교뿐만이 아니다. 종교 인구는 감소하고 무종교인이 늘어났다. 리서치 기업 입소스의 종교 인구 조사에 따르면, 한국에서는 '종교가 없다'고 응답한 비율(53%)이 주요 26개국 중 1위다.••• 전통 종교는 오래되었고, 새로운 서양 종교는 몰락하기 시작했다. 세기말은 혼란했고, 사람들은 불안했으며, 종교는 천박했다. 정신적 진공 상태였다. 이런 상태를 '아노미anomie'라고 부른다.

밥을 굶지 않게 되자, 경제의 목적이 불분명했다. 형식적

• 「곪은 교회의 병폐가 이단 기승 불러와」, 〈뉴스앤조이〉, 2012. 10. 3.
「교인 감소, 이단 급증 기점은 '92년 종말론 사건'」, 〈크리스챤투데이〉, 2012. 11. 1.

•• 「20-40대 교인, 10년간 '반토막'⋯⋯ "2033년엔 1/3이 가나안 교인 예상"」, 〈뉴스앤조이〉, 2024. 1. 26.

••• 「"회원 가입 무당만 30만 명" 불안한 한국, 무속에 빠졌다」, 〈중앙일보〉, 2024. 12. 30.

민주주의를 채우고 난 후, 민주주의는 모호했다. 유교적 전통으로는 현실을 해석할 수 없었다. 서양의 종교는 무속처럼 말했다. 모든 것의 기준이 흔들렸다. 공통의 규범은 없고, 가치관은 공유되지 않았다.

> 신에 대한 믿음의 상실이 가져오는 위험은 사람들이 아무것도 믿지 못하게 되는 것이 아니라 아무것이나 믿게 된다는 점이다.
>
> ―G. K. 체스터턴

볼테르는 '신이 존재하지 않는다면 신을 발명할 필요가 있다'고 말한다. 기존 종교가 아니라면, 다른 식의 정신적 공유물이라도 만들어야만 한다. 공동체는 물리적 수단으로만 유지될 수 없으며, 가치의 분열은 사회 분열의 원인이기 때문이다. 분열된 사회에서 선거 결과에 대한 승복과 판사의 결정에 대한 존중을 기대하기는 어렵다. 함께 승인하는 가치가 없다면, 하나의 공동체라고 우기기는 힘든 일이다. 1990년대의 세기말과 2000년대의 세기 초를 건너온 세대는 아노미를 직접 경험했다. 20여 년이 지났다. 그사이 세상은 더 분열되고, 기준은 더 혼란해진 듯하다. 이제, 우리 사회는 어떤 신을 믿고 있는가?

2020년대 한국의 종교적 지향점은 다시 무속이다. 완벽한 퇴행이다. 국내 최대 무속인 단체 대한경신연합회(경천신명회)에 따르면, 무당의 수는 30만 명이다. 비등록 무당을 포함하면 50만 명에 이를 것이라고 한다. 팔로어follower 수가 30만 명에서 50만 명에 이르는 역술인 유튜버가 여럿이다. 인스타그램 등에 신점, 무당 등의 단어를 검색해보면 계정 수백 개가 나온다. 점술가들이 출연하는 예능 프로그램도 화제를 모았다. 사회 고위층 주변에서는 용한 무당의 이야기가 흘러나온다. 12·3 비상계엄 사태의 기획자로 지목되는 노상원 전 정보 사령관은 직접 점집을 운영했다.•

무당의 방울 소리는 불안의 바람을 타고 퍼져 나간다. 지금, 모두는 불안하다. 경제 전망은 어둡고, 인구는 줄고, 고령화는 시작되었다. AI가 밥벌이를 빼앗아간다고 한다. 세기말 혼란이 들이닥쳤을 때, 종말론이 유행했다. 20여 년이

• 「"애인이 말 안 듣는데 어떡하죠" 요즘 MZ, 무당에게 물어본다_MZ 홀린 샤머니즘」, 〈중앙일보〉, 2024. 9. 5.
「"회원 가입 무당만 30만 명" 불안한 한국, 무속에 빠졌다」, 〈중앙일보〉, 2024. 12. 30.

지난 지금 다시 정신적 세기말이다. 모두는 혼자서 불안하고, 타인과 함께 분노한다. 모두는 모든 가치와 규범에서 자유로우며, 모든 공감에서 자유롭다. 서로는 서로에게 자유롭다. '불안은 자유의 현기증'(키르케고르)이다. 그렇게 모두 불안하다. 불안은 무속의 먹이다. 불안한 자아는 SNS의 성상^{聖像} 앞에서 주문을 외운다. 사람들은 SNS에서 위안을 찾고, SNS에서는 무당처럼 말하는 사람들이 돈을 벌고 있다. 1992년. 그때 이미 미래가 시작되었는지도 모른다.

무속의 옳고 그름 문제가 아니다. 민주 공화국에서 함께 살아가는 공동체의 윤리를 말하는 것이다. 무속은 저 너머의 지향점을 가리키지 않으므로, 공동체의 꿈을 말하지 않는다. 각자의 욕망에만 충실하므로, 공공성에는 관심이 없다. 무속은 나의 욕망을 투사하는 일이므로, 구성원 사이의 소통과 윤리를 말하지 않는다. 무속은 그렇게 민주주의의 정반대 방향을 가리킨다. 무속적 기독교가 불러온 종말론 소동은 과거의 이야기로 마무리되었는가? 공동체를 묶어줄 정신적 공감대는 여전히 찾기 힘들어 보인다. 급속한 물질문명의 유입이 기존 가치관을 무너뜨렸지만, 아직 새로운 가치관은 모호하다. 이러한 혼란은 낭만 세대가 일생 동안 짊어져야 할 운명이다.

  이 땅에서 살아온 사람들이 대를 이어가며 간직한 이야기가 있었다. 아이들은 부모의 삶을 보고 배우며 자신의 삶을 기획했다. 보고 배운 것은 자연스레 몸에서 작동한다. 몸으로 체득한 지혜는 몸을 부딪치며 살아가는 사람들 사이에서 공동의 가치를 만든다. 이야기는 그다음 세대로 이어진다. 그렇게 오랫동안 부모에게서 자식에게로 삶의 의미와 가치는 연속되고, 그것은 공감의 공동체를 형성한다. 1960년대 이후 삶의 방식이 변했다. 몇천 년 동안 이어지던 농경 사회가 무너져갔다. 사람들은 논과 밭을 떠나 도시로 모였고, 새로운 방식으로 일을 하기 시작했다. 부모가 살아오던 방식은 이제 유효하지 않다. 이 땅에서 살아내고 죽어간 수많은 사람들 중 처음으로 부모의 언어를 부정해야 하는 세대가 태어난 것이다. 이야기는 멈추었다. 다른 이야기가 필요하다.

  '개와 늑대의 시간'은 개와 늑대를 구분할 수 없는 시간, 낮과 밤이 만나는 지점, 낮의 색과 밤의 색이 섞이는 석양 무렵을 말한다. 멀리 있는 짐승이 개인지 늑대인지 알 수 없는 모호한 경계의 시공간이다. 한 세기가 끝나고 새로운 세기가 시작되고 있었다. 경계를 넘어가는 일은 언제나 모호하고 두렵다. 저 너머에는 경험하지 못한 것이 있다. 경험 밖에 있으므로, 알 수 없고 예측할 수 없다. 무지는 두려움이다. 하나의 세기가 끝나갈 무렵, 사람들은 저 너머에서 다가오는 것들이 두려웠다. 몇몇은 흰 옷을 입고 차라리 하늘로 올라가고 싶었는지도 모른다.

20세기 후반에 태어나 청년의 나이로 21세기를 맞이한 사람들. 낭만 세대는 두 가지 높다란 경계를 넘어야만 했다. 하나는 시대의 경계였고, 다른 하나는 삶의 경계였다. 부모에게서 배우지 못한 새로운 시대의 언어로 개인의 삶을 준비해야만 했다. 청년의 언어는 어른의 문법을 다시 배워야 한다. 그들이 청년 시절 맞이한 시대는 세기말이었다. 모호함으로 가득한 개와 늑대의 시간을 건너야 했다. 부모가 만든 규범의 담을 넘어 미지의 세계로 달려가는 청년의 모습은 낭만적 성장 서사다. 다만 저 멀리 보이는 것이 길들여진 개인지 야생의 늑대인지를 알 수 없다면, 이야기는 달라진다. 낭만 세대가 불안한 눈으로 자신의 미래를 바라보고 있을 때, 어떤 무속인도 그들의 미래를 예언할 수는 없었다.

다만 이제는 되돌아볼 수 있다. 낭만 세대가 개와 늑대의 시간을 지나는 동안 그들은 세상에게 어떤 이야기를 했고, 세상은 그들에게 어떤 이야기가 되었는지를 말이다. 우리가 그 시절을 다시 돌아보는 이유다. 새로운 세대는 그들의 뒷모습에서 어떤 이야기를 다시 발견할 것이다. 물론 모든 이야기가 아름답지는 않다.

우리는 욕망을 통일했다

눈 덮인 하얀 설원. 여배우가 익숙한 얼굴로 환하게 웃는다. 영화 속 장면이 떠오른다. 영화 〈러브레터〉의 한 장면을 오마주한 듯하다. 큰 소리로 인사한다.

여러분—, 여러분—, 모두 부—자 되세요! 꼭이요—.

2001년 연말, TV 광고 하나가 21세기를 열었다. 새로운 세기의 새로운 인사말이었다. 사람들은 "새해 복 많이 받으세요" 대신 "부자 되세요"라고 신년 덕담을 나누었다. 말이 바뀌면 생각이 바뀐다. 생각이 변하면 삶의 방법이 변하기 마련이다. 인사하는 방법이 변했다. "식사하셨어요?" "별일 없으시죠?"는 오랜 인사 방법이었다. 별일 없고 배곯지 않기를 바라왔기 때문인지도 모른다. 그것이야말로 "안녕하세요?"라는 인사가 향하는 권유이며 바람이었다. 이제 새로운 세상이 열렸다. 밥만으로는 살 수 없다. 사람들은 별일이 생기기를 바라기 시작했다.

사농공상의 가치 서열과 선비 정신을 강요하던 조선의 전통은 한동안 이어졌다. 최소한 공적인 장에서는 부의 추구를 멸시했다. 지난 시절, 부자는 자주 졸부의 탐욕과 정신의 빈곤으로 연결되곤 했다. 새로운 세기를 알리며 선보인 광고는 사고의 혁명이었다. 광고는 성공했을까? 꼭 부자가 되라고, 낭만적 설원에서 큰 소리로 인사한 지 20여 년이 지났다. 이제 부를 추구하는 일은 탐욕이 아니라 멋진 일이다. 자신의 부를 과시하는 행위를 '플렉스Flex'라고 부르며 여기저기 소비의 흔적을 자랑한다. 2019년 개봉한 천만 영화 〈기생충〉에서는 "부자인데 착한 게 아니고, 부자라서 착한 거야"라고 고백한다. 2023년 어느 고급 주상 복합 아파트의 분양 광고문은 '언제나 평등하지 않은 세상을 꿈꾸는 당신에게 바칩니다'였다.

    욕망에 대한 긍정문이 갑자기 퍼져나간 이유는 무엇이었을까? 20여 년 전 생각의 틀을 깨뜨린 '부자 되세요' 광고에서 시작해본다. 무엇을 팔기 위한 광고였을까? 광고는 '당신의 경제를 생각하는 ○○ 카드입니다'로 연결된다. 신용 카드 광고였다. 물건이 아니라 신용을 사고파는 일이다. 신용만으로 돈이 흐른다. 금융 자본주의의 풍경화였다. 신용 카드는 소비를 위해 사용한다. 좀더 많은 소비를 권하는 광고였다. 저축이 아니라 소비가 경제를 살린다는 이야기가 돌기 시작했다. 소비를 하면 기업이 살고, 기업이 살면 소득이 증가한다고 했다. 소비 권하는 사회가 등장했다. 소비는 멋진 일이고, 더 많은 소비는 부자의 낭만이다. 전 세계 어디서나 결제가 가능한 신용 카드의 부드러운 감촉이 소비의 이미지가 되었다. 부자는 '멋진'의 명사형이다.

    돈을 버는 일과 돈을 쓰는 일에 대한 생각이 변하기 시작했다. 예전에도 사람들은 돈을 벌기 위해 열심히 일했다. 물건이나 사람이 직접 움직여야 한다고 생각했다. 그러나 IMF 외환 위기는 물건을 못 만들거나 일을 안 해서 발생한 일이 아니었다. 돈의 흐름이 갑자기 모든 것을 망쳤을 뿐이다. 돈이 흘러가는 방향을 용케 짚어낸 사람은 부동산과 주식으로 부자가 되기도 했다. 성실한 노동과 노동의 땀내 나는 결실로 경제를 끌어올리던 대한민국의 모두는 어느 지점에서 새로운 사실을 깨달았다. 돈이 돈을 버는 시대다. 사람들은 돈 놓고 돈 먹는 투기 자본주의라고도 불렀다. 공장의 산업 역군들이 나라를 세우던 시대는 저물었다. 돈을 벌기 위해서는 땀을 흘릴 일이 아니다. 기회를 잡아야 한다. 자본주의적 노동 윤리는 세워지기도 전에 흔들리고 있었다.

열심히 노력하면 누구나 집도 사고, 차도 사고, 남들처럼 살 수 있을 거라 생각했다. 세기말과 세기 초, 누군가는 집 한 채 값이 나가는 고급 차를 몰고 다니며 코스닥과 부동산을 이야기했다. 처음에는 믿지 못했고, 그 다음에는 따라 했다. 돈 버는 방법보다 돈 쓰는 일에 대한 생각이 더 빨리 변했다. 드라마와 광고 속 세상에서는 소비를 구원의 길로 묘사했다. 로맨스는 백화점과 고급 레스토랑에서 시작되고, 신분 상승은 멋진 차로 상징되었다. 돈은 시간의 여유, 안전한 일상, 선택의 권리라는 욕망을 완전하게 충족시켜 준다. 최소한 광고와 드라마가 만든 이미지 속에서는 정답이다. 이미지는 상상을 재료로 하고, 상상을 창조한다. 상상이 시작되면 태도는 변한다. 그렇게 물질적 풍요는 낭만적 삶으로 연결된다.

전 국민에게 꼭 부자가 되라고 권유하는 광고는 당시 많은 사람들을 놀라게 했다. 20여 년이 지나고, 미국의 여론조사 기관 퓨리서치센터는 2021년 한국을 포함한 17개 선진국 성인 1만9천 명을 대상으로 삶을 의미 있게 하는 것이 무엇인가를 조사해 발표했다. 조사 대상 17개국 가운데 14개국에서는 가족과 아이들을 가장 많이 꼽았다. 한국만 물질적 풍요를 1위로 꼽았다. 〈매경이코노미〉가 2022년 청소년을 대상으로 조사를 실시한 결과, 인생에서 가장 중요한 것이 무엇인지 묻는 질문에 '돈(물질적 풍요)'이라고 답한 청소년이 30.1퍼센트로 가장 많았다.* 이 정도면 한국의 국교國敎는 돈이다. 광고는 성공한 듯하다.

---

* 「무엇이 삶을 의미 있게 하는가」…… 한국 유일하게 '물질적 풍요' 1위 꼽아」, 〈경향신문〉, 2021. 11. 22.
「삶의 의미 어디서 찾냐 묻자…… 한국인만 이걸 1위로 꼽았다」, 〈한겨레〉, 2024. 6. 29.
「전 여기서 일하는 게 좋아요…… 어른들 세상 '미리보기' 거든요」, 〈경향신문〉, 2023. 7. 10.

"모두 부자 되세요!"가 성공한 다음 해, 2002년. 조금 더 상징적인 광고가 등장했다. 광고는 전파를 타자마자 전 국민의 유행어가 되었다. 심지어 지금도 많은 이들은 광고가 만든 유행어를 사용한다.

열심히 일한 당신 떠나라!

애초에 광고는 광고의 대상을 크게 보여준다. 샴푸 광고에서는 샴푸가, 비누 광고에서는 비누가 주인공이다. 언제부터인가 광고는 살아가는 방법을 주인공으로 내세우기 시작했다. 이번에도 신용 카드 광고였다. 소비하는 방법을 알려준다. 사는 것처럼 사는 방법을 보여준다. 메시지는 간단하다. 잘생긴 배우가 열심히 일하는 모습을 보여준다. 그러고 나서 낭만적 휴가지로 떠난다. 다만 신용 카드와 함께 떠나라고 조용히 가르쳐준다. 친절하게, 삶은 그렇게 사는 것이라고. 휴가는 대표적으로 낭만을 떠올리게 하는 경험이다. 낭만과 소비가 연결된다. 아이들과 자연을 즐기려면 텐트와 자동차가 필요하고, 로맨틱한 여행을 위해서는 고급 호텔과 와인이 필요하다. 새로운 세기의 진리다.

낭만은 규칙과 규범들로 가득한 일상에서 떠나고 싶은 욕망을 반영한다. 이제 여행은 등급이 매겨진 여행 패키지와 호텔과 비행기 좌석의 클래스라는 새로운 규칙을 따른다. 결혼식은 정해진 가격의 스드메(스튜디오, 드레스, 메이크업)와 허니문의 규범을 좇는다.

젊은 날의 사랑은 전통적 규범을 거부하고 풋풋한 생의 의지를 발산한다. 그렇게 사람들은 로미오와 줄리엣의 사랑을 응원하고 수많은 드라마와 영화는 그 꿈을 반복했다. 그러나 전통과 규범을 벗어나 승리한 듯 보이던 남녀의 연애도 소비 자본주의를 이기지는 못했다. 연애는 급속히 소비의 대상으로 편입된다.

젊은 남녀는 만나고, 함께 먹고, 함께 경험을 나눈다. 이제 청춘의 낭만은 모두 하나같이 소비의 대상이다. 연애는 특별한 경험을 기대하고, 특별함을 위해서는 평소보다 조금이라도 사치스러운 소비가 필요하다. 기업들은 다양한 로맨틱의 목록을 미리 만들어 상품으로 제공한다. 영화와 드라마는 낭만의 극대치를 위한 소비 방법을 보여준다. 문제가 하나 있다. 젊음은 평등하게 주어지지만 소비는 불평등하다. 계급을 드러낸다. 청춘들은 돈이 없고, 부모들이 모두 부자인 것은 아니다. 남녀의 만남이 낭만적 소비로 경험된다는 말은 곧 소비 능력이 뒤쳐지는 청춘에게는 연애의 가능성이 삭제될 수 있다는 뜻이다. 또다시 신조어가 만들어졌다. '삼포 세대'.

삼포 세대라는 신조어는 2011년 처음 등장했다. 연애, 결혼, 출산 세 가지를 포기한 세대라는 의미다. 돈이 없어 연애가 불가능해지자, 당연히 결혼과 출산의 불가능이 따라 나왔다. 결혼과 출산이 인생 최고의 아름다운 경험이 아니라 인생 최대의 지출 목록이 된 것이다. 가난한 젊음에게 연애란 비싼 상품이다. 2011년 청년들을 대상으로 진행한 조사에서 응답자의 거의 절반(48.2%)이 학자금, 주거비, 생활비 등으로 빚을 진 경험이 있고, 1백 명 중 6명은 이로 인해 연애와 결혼이 어렵다고 말했다.● 청년들은 낭만이라는 상품을 포기했다. 일자리는 불안정하고 집값은 천장 없이 치솟는 세상에 현명하게 적응한 결과다. 열심히 일한 당신이 떠나기 위해서는 신용 카드가 필요하다고 배운 지 20년이 지났다. 젊은이들은 더 많은 것을 알게 되었다. 이 광고

● 「과부하 걸린 한국의 가족」, 〈경향신문〉, 2011. 5. 11.

도 성공한 듯하다.

 2000년대 초, 새로운 세기의 첫 유행어는 정확히 세상을 반영하고 있었고, 스스로 어떤 예언을 성취해냈다. 소비의 상징 신용 카드는 꼭 부자가 되라고, 신용 카드와 함께 멋있게 떠나라고 모두에게 권유했다. 권유가 항상 성공할 수는 없는 노릇이다. 모두 부자가 되어 떠날 수는 없었고, 부자가 되고 싶던 이들 중 어떤 이들은 떨쳐낼 수 없는 지옥을 경험했다. 2002년부터 2003년까지 한국은 신용 카드 대란에 빠진다. 여기저기 '돌려 막기'가 성행하고 '신용 불량자'가 넘쳐났다. 신용 불량자는 3백64만 명을 넘어섰다. 현재 부산광역시 전체 인구는 3백26만 명 수준이다. 부산광역시 전체 인구보다 많은 신용 불량자들 중 일부는 극단적인 선택을 했고, 범죄자가 되기도 했다.*

 신용 카드에 대한 규제 완화와 카드사들의 무차별적인 마케팅은 마구잡이 카드 발급과 소비로 이어졌다. 신용 카드 발급 신청서에 서명하면 사은품을 주었다. 신용 카드 사용자를 대상으로 추첨을 통해 당첨금을 주는 신용 카드 영

● 「'신용 불량 사회'가 각종 범죄 양산」, 〈연합뉴스〉, 2003. 12. 26.

수증 복권도 시행되었다. 소득이 없어도 신용 카드를 만들 수 있었다. 고교생은 물론 죽은 사람 명의의 카드도 만들어졌다. 카드사들은 떼돈을 벌었다.* 당장 현금이 없어도 소비의 왕국에 입성할 수 있었다. 이런 식의 신용 카드 발급은 일종의 약탈적 대출predatory lending이다. 금융 지식이 빈약한 젊은층이 가장 많은 피해를 입었다. 2003년 기준 청년층 신용 불량자가 전체 신용 불량자의 40퍼센트를 차지했다.** 카드 빚은 청년 빈곤의 문제로 연결된다. 부채로 시작한 사회 생활은 저소득 노동에 갇히게 되고, 계층 이동은 불가능해진다. '88만 원 세대'가 시작된 것이다.

소비 사회로 입장하기 위해서는 부에 대한 인식의 전환이 필요했다. 2001년 신용 카드 광고가 성공한 것은 당시 이미 생각의 변화가 진행되는 과정에 들어섰기 때문이었다. 전통 사회에서는 돈보다 체면이 중요했다. 가난한 농업 국가 대한민국은 빛의 속도로 풍족한 산업 국가로 변모했

- 「신용 카드 사용 영수증 복권 추첨 최고 1억」, 〈매일경제〉, 1999. 8. 20.
  「DJ가 넘긴 카드 대란…… "또 IMF 위기 오나" 악몽」, 〈중앙일보〉, 2025. 1. 23.
- ●● 「개인 신용 불량자 300만 명 시대」, 한국소비자원 소비자칼럼, 2003. 5. 2.

다. 새로운 생각들이 낭만 세대의 생각과 태도를 바꾸어놓았다. 체면이 중요한 마을 공동체에서 자라난 아이들은 이제 도시의 익명성에 적응해야 했다. 나를 지켜주는 것은 나의 돈밖에 없고, 내가 인정받는 방법은 나의 소비밖에 없다. 사고 혁명이다. 때마침 세기말은 기존 사회를 지탱해주던 일체의 것들이 한순간에 붕괴되는 현장을 생중계해주었다.

세기말 1990년대, 사회를 붙들고 있던 상식과 신뢰가 한꺼번에 무너진다. 눈에 보이는 콘크리트 건축물과 보이지 않는 가치가 동시에 붕괴했다. 1994년 9월 20일, '지존파'라는 범죄 조직이 검거된다. 살인 공장을 만들고, 돈 많은 사람들을 골라 돈을 뺏고, 죽이고, 암매장했다. 이들은 가진 자에 대한 증오로 범행을 결심했다고 말했다. 범행 대상자를 물색하기 위해 강남의 백화점 고객 명단을 확보하기도 했다.* 1994년 10월 21일, 성수대교 중간이 갑자기 무너져 내려 현장을 지나던 시내버스와 승용차들이 그대로 추락했다. 완공된 지 고작 15년된 다리가 테러나 자연 재해도 없이 무너졌다. 8개월 후 1995년 6월 29일, 서울 삼풍 백화점이

---

* 「24년 전 오늘 검거된 '살인 공장' 지존파 사건 기억하시나요」, 〈한겨레〉, 2018. 9. 21.

붕괴하여 5백2명이 사망했다. 영화 세트장이 아니었다. 수많은 사람들이 쇼핑을 즐기던 도시의 고급 백화점이었다.

비슷한 시기에 발생한 세 가지 사건은 하나의 시대정신을 반영한다. 시대정신은 돈이었다. 부자를 향한 범죄 야욕, 그리고 다리와 백화점의 붕괴는 돈에 대한 질투와 돈을 향한 욕망의 삼각형으로 상징된다. 급속하게 도래한 소비 중심 사회에서 탈락한 이들은 부자를 증오하는 방법으로 새 시대의 가치를 받아들였다. 공사 기간을 단축하고 안전보다는 효율을 중시하는 수익 중심의 사고는 멀쩡해보이던 건축물을 무너뜨렸다.

'무전유죄 유전무죄 無錢有罪 有錢無罪.' 지존파가 존경했다던 탈주범 지강헌이 세상을 향해 소리친 저주. 저주는 시대의 유행어가 되었다. 돈이 많은 사람도, 돈이 없는 사람도, 알고 있다. 저주가 유행어가 되는 세상은 사람이 사람처럼 살기 힘든 곳이다. 세기말이었다. 1990년대가 저물고 2000년대가 시작될 때, 모두 부자가 되라는 광고는 성공한다. 이제 모두 세상의 변화를 받아들인 것이다. 모두의 욕망은 돈으로 통일되었다. 새로운 세기는 그렇게 시작되었다. 시간의 방향이 정해진 후, 시간은 다시 흘렀다. 세상은 좀더 낯선 곳으로 다가갔다.

    2024년 한국의 합계 출산율은 0.74명이다. 〈뉴욕 타임스〉는 "14세기 유럽을 덮친 흑사병이 몰고 온 인구 감소를 능가하는 결과"라고 평가한다. 다른 외신은 한국은 끝났다고도 말한다. 합계 출산율이 0.7명 이하라는 건, 불과 두 세대 만에 2백 명이 25명 이하로 줄어든다는 의미다.• "대한민국 완전히 망했네요. 와!"라며 양손으로 머리를 부여잡는 미국 대학교수의 영상은 여기저기서 튀어나온다. 이전까지 출산율은 예전보다 감소했지만 매해 등락을 거듭하고 있었다. 그런데 갑자기 2015년 1.24명을 찍고는 급락했다. 그 후로는 쉬지 않고 하락중이다. 2015년에 도대체 무슨 일이 있었을까?

    집값의 급격한 상승, 청년 인구의 수도권 집중, 비정규직 증가 등등 다양한 의견이 있지만, 명확하지는 않다. 숫자로 표현되는 것들은 보이지 않는 생각의 변화를 반영한다. 사람들의 생각이 어떻게 변했다는 뜻일까? 생각은 언어 속에서 발견된다. 2015년은 신조어 '금수저'와 '헬조선'이 유행

• 「합계 출산율 0.7명 사회 한국은 정말 끝났는가」, 〈시사IN〉, 2024. 1. 10.

하기 시작한 해다. 시대를 반영한 단어들이다. 금수저와 헬조선은 부의 세습으로 세대 간 불평등이 재생산되고 계층 이동은 불가능해진 대한민국을 표현한다. 금수저, 은수저, 흙수저로 세분화한 현대의 계층은 세습 자본주의를 만들었고, 한국 사회는 지옥으로 비유된다(헬조선). 부를 이룬 자들이 자신의 능력을 자랑하며 부를 자식들에게 세습할 때, 성 밖의 사람들은 사다리 없는 세상에서 적응하는 방법을 찾았다. 결혼하지 않고, 출산하지 않는다.

  욕망이 하나로 통일되었을 때, 모두가 돈을 향해 일생의 화살표를 정조준했을 때, 예견된 미래다. 어른들은 연봉과 아파트 평수로 삶의 성취를 계량한다. 아이들은 4세부터 입시를 준비한다. 세기말을 지나온 낭만 세대가 경험하는 우리 모습이다. '부자 되세요'가 인사말이 되고 낭만이 상품이 된 지 20여 년. 그 시간들이 만든 현재의 풍경이다. 낭만 세대는 평등한 가난의 시대에 태어났다. 노력하면 이룰 수 있다는 낭만적 이야기를 들으며 살아왔다. 아이들은 늙고, 이야기는 바뀐다. 시간은 다시 흐르고 우리는 그 속에서 계속 이야기를 써나갈 것이다. 이야기가 앞으로만 나아가는 동안 우리는 그것의 의미를 알 수 없다. 삶은 뒤돌아볼 때만 그 의미를 알 수 있기 때문이다. 언젠가는 돌아볼 것이다. 그제서야 알게 될지도 모른다. 우리가 만든 세상은 우리에게 무엇이 되었는가?

교련복을 입은 민주 투사

1960년은 4·19의 해다. 시인 김수영은 1960년 발표한 시 「푸른 하늘을」에서 자유와 혁명과 고독을 이렇게 노래한다. "어째서 자유에는/피의 냄새가 섞여 있는가를//혁명은/왜 고독한 것인가를//혁명은/왜 고독해야 하는 것인가를." 민주주의는 보이지 않았다. 자유에는 대가가 필요했다. 역사는 더 많은 피를 요구했다. 김수영의 시는 역사의 담벼락에 쓴 예언이었다.

4·19라는 미완의 혁명으로 좌절한 청춘들은 "혁명은 안 되고 나는 방만 바꾸어 버렸다"(김수영, 「그 방을 생각하며」 중)며 술잔을 기울였을 것이다. 그들은 몰랐다. 그 무렵이었다. 새로운 세대가 태어나고 있었다. 1960년대생. 예언을 실현할 사람들. 4·19 세대가 그러했듯 거리로 뛰쳐나갈 청

년들. 자유를 위해 거리에 피의 냄새를 뿌린다. 예언은 현실이 된다.

60년대생과 70년대생의 청년기를 말할 때, 민주화 투쟁을 언급하지 않을 방법은 없다. 그 시절 민주화 투쟁에 직접 참여한 젊은이도 있고, 그렇지 않은 젊음도 있었을 것이다. 거리로 뛰어나간 청년도, 그렇지 않은 젊음도, 모두가 경험하고 있었다. 자유에는 피의 냄새가 섞여 있다. 80년대와 90년대 학생 운동 과정과 그 결과물들은 한국 사회의 커다란 분기점이다. 많은 낭만 세대의 젊은 날을 흔들어놓은 기억이다.

> 빨간 꽃 노란 꽃 꽃밭 가득 피어도
> 하얀 나비 꽃 나비 담장 위에 날아도
> 따스한 봄바람이 불고 또 불어도
> 미싱은 잘도 도네 돌아가네.
> ─노래를 찾는 사람들, 〈사계〉에서

'노래를 찾는 사람들'이 발표한 민중가요 〈사계〉는 1989년 대중가요 순위 프로그램 〈가요톱10〉 3위에 올랐다.

MBC 대학생 퀴즈 프로그램 〈퀴즈 아카데미〉의 오프닝 곡으로도 쓰였다. '노래를 찾는 사람들' 2집 앨범은 50만 장 이상 팔렸다. 운동권 정서와 대중의 거리는 그리 멀지 않았다. 많은 청년들은 '자유'나 '민주'에서 그려지는 아련함과 시대의 막막함으로 술잔을 기울였다. 분노와 좌절의 정서가 청년의 가슴에 쌓이고 있었다. 박노해, 백무산, 김남주의 시어詩語가 연애 편지처럼 읽히던 시절이다.

1960년대생이 청년의 봄을 맞이하던 시기. 한국 현대사는 '80년 광주의 봄'으로 붉게 물들었다. 5·18 광주 민주화 운동은 군사 정권의 폭력성과 저항의 상징이 되었다. 공부만 하던 모범생들은 대학 입학 후 '80년 광주'를 알게 된다. 그들 중 일부는 다른 삶을 결심한다. 80년대 전두환 정권은 정권에 반대하는 목소리를 잔혹하게 탄압했다. 탄압이 강도를 높일수록 저항은 확산되었다. 탄압과 저항의 변증법은 '87년 체제'라는 시대의 결과물을 만들어냈다.

1987년 1월 14일, 서울대학교 언어학과 3학년 박종철은 남영동 대공분실에서 고문을 당하다가 사망했다. 1987년 6월 9일, 연세대학교 경영학과 2학년 이한열은 전경이 쏜 최루탄에 맞았고, 7월 5일 사망했다. 누군가의 말처럼 민주주의의 나무는 피를 먹고 자라났다. 분노는 대규모 시위로 번졌다. 1987년 10월 29일, 최초로 여야 합의에 의한 헌법 개정이 이루어졌다. 대통령 직선제와 기본권 강화가 내용이었다. 87년 체제가 만들어지고 있을 때, 학생 운동은 새로운 전환점을 맞이한다. 1987년 8월 19일 전국대학생대표자협의회(전대협)가 역사에 등장한다. 전대협의 슬로건은 '구국의 강철 대오'였다. 전국적 규모의 대중적 학생 운동 조직이 활동을 시작한 것이다.

학생 운동의 전성기이던 1990년, 〈시사저널〉의 여론 조사에 의하면 전대협은 여당과 야당에 이어 한국을 움직이는 단체 3위에 올랐다. 전경련이나 대기업보다 앞선 순위였다.* 모든 것이 그렇듯, 학생 운동의 시대도 영원할 수는 없었다. 세상은 변한다. 형식적 민주주의가 자리잡았고, 투쟁의 명분은 줄어들었다. 사회주의의 몰락은 운동의 이념적 기반을 흔들었다. 화염병 투쟁에 대한 피로감과 거리감이 커져갔다. 젊은이들은 민족이나 민주주의보다 취업난을 걱정하기 시작했다. 하지만 시대는 지나갔어도 흔적은 오래

---

* 「1990년 '한국을 움직이는 단체' 3위의 주인공」, 〈한겨레〉, 2016. 9. 2.

남는다. 낭만 세대는 또래 청년들이 전투 경찰에게 폭행당하고, 잡혀가는 모습을 또렷하게 목격했다. 젊은 시절 선명하게 남은 기억은 지워지지 않는다.

> 흰 눈이 온 세상에 소복소복 쌓이면
> 하얀 공장 하얀 불빛 새하얀 얼굴들
> 우리네 청춘이 저물고 저물도록
> 미싱은 잘도 도네 돌아가네
> ─노래를 찾는 사람들, 〈사계〉에서

시절은 지나간다. 모든 것은 변한다. 불의를 참지 못하던 젊음. 정의를 외치며 자유와 평등의 거리로 뛰쳐나가던 청년들. 그들은 이제 어른이 되었다. 민중의 고통을 함께하자며 나서던 그때의 운동권 청년들은 각 분야의 결정권자가 되었다. 그들이 만든 세상은 어떠한가? 그때의 운동권은 지금의 정치권 주류가 되었고, 민주화 투쟁 경력은 정치인의 덕목이다. 세상이 변했다. 어떤 것은 변했지만, 어떤 것은 변하지 않았다.

그때나 지금이나 확실히 변하지 않은 것이 있다. 공장의

하얀 불빛 아래 어떤 청춘들은 여전히 흰 눈처럼 쉽게 저물어간다. 2023년 기준 산업 재해로 인한 사망자는 총 2천16명으로 집계되었다.* 하루 평균 5.5명이 공장에서 기계에 끼어 죽고, 떨어져 죽고, 부서져 죽고, 깔려 죽고 있다. 그 시절 청년이 공장주가 되고, 그 시절 젊음이 국회의원이 되기도 했다. 하지만, 미싱만 잘 돌아간다. 어떤 청춘들이 저물고 저물도록 미싱은 아직도 혼자 잘 돌아간다. 모두가 공장주가 되거나 국회의원이 되지는 않았다. 다만 사람들은 기대했다. 분노하던 청년 세대가 어른이 되는 시절이 오면, 세상은 많이 달라질 것이라고 기대했더랬다.

부동산은 폭등했고 소득 불평등은 급속히 진행되었다. 빅 데이터 분석 결과 운동권에 대한 연관어는 '망하다', '비판하다', '범죄', '폭주', '몰락', '특혜', '논란', '가짜' 등으로 나타났다. 86세대에 대한 빅 데이터 긍정 감성 비율은 36퍼센트, 부정은 60퍼센트로 나왔고, 운동권에 대해서는 긍정 26퍼센트, 부정 73퍼센트로 나타났다.** 어떤 이들은 과거의 운동권을 현재의 청산 대상이라고 주장한다. 무엇

---

*   KOSIS 국가통계포털.
** 「세대교체론, 총선을 지배하는 프레임 될까?」, 〈월간중앙〉, 2024. 10. 25.

이 어떻게 변했을까? 지금의 젊음이 과거의 젊음에게 질문할 것이다. "당신들의 젊음은 무엇이 되었는가?"

1986년 세계적 베스트셀러 『내가 정말 알아야 할 모든 것은 유치원에서 배웠다』가 출판되었다. 영국의 시인 윌리엄 워즈워스는 "어린아이는 어른의 아버지다"라고 말했다. 유년기와 청소년기의 경험은 몸과 마음에 냄새처럼 배기 마련이다. 그것들이 모여 태도가 만들어지고, 태도는 오래도록 삶의 형식이 된다. 그 시절 민주 투사들은 박정희 군사 정권 시기에 태어난 아이들이다. 군사 문화가 삶의 조건이었고, 학교에서는 국민 교육 헌장을 외웠다. 공동체는 일정한 폭력이 용인된 위계질서로 유지되었다. 저녁 6시가 되면, 애국가가 울리고 국기 하강식이 시작되었다. 병영 국가였다. 유년의 아이들은 장군이 되는 꿈을 꾸었다. 사춘기 아이들은 교련복을 입고 군사 훈련을 받았다. 말하자면 그들은 박정희가 낳은 아이들이다.

태도는 쉽게 바뀌지 않는다. 개인의 개성보다는 집단의 이익이 중요하다. 대大를 위해서라면 소小는 희생되어야 한다. 다양성보다는 효율성이 중요하다. 남녀 차별과 학벌주의는 오랫동안 유지된다. 서열에 따라 일사불란하게 작동하는 조직을 꿈꾼다. 학생 운동은 독재 정권에 맞서 온몸으로 민주주의를 외쳤지만, 세상을 마주하는 개인의 태도는 쉽게 바뀌지 않는다. 그 시절 학생 운동은 자신들이 대중을 이끌어야 한다는 선민의식과 주요 대학 중심의 엘리트주의로부터 자유롭지 못했다. 운동권 내부의 민주적 의사소통보다는 지도부 옹립이 중요했다.

그들은 현재 정치권의 주류가 되었다. 상대 정당에 대한 공격에는 능하지만, 정당 내부의 정당 민주주의는 찾아보기 힘들다. 민주주의가 목적이라고 말한다. 다만 목적을 이루기 위해서는 민주적 소통보다 권위적 지시가 효율적이다. 태도가 되지 못한 민주주의가 자기 인생의 후일담을 시작하면, 청년들은 그들을 "꼰대"라고 부른다.

태도가 되지 못한 구호는 자주 위선적이다. KBS는 2021년 '세대 인식 집중 조사'를 진행했다. 여론 조사 후 전문가들과 함께 사회 인식을 분석했다. 연구에 참여한 전문가의 분석 결과 50대는 '도덕적 확신', 즉 '자신의 생각이 틀리지 않을 거란 믿음'이 강하게 나타났다. 연구에 참여한 교수는 이렇게 말한다. "본인의 의견대로만 정책이 만들어진다면 우리나라는 정말 좋은 나라가 될 거라고 대답하시는 분들이 '도덕적 확신'이 높은 사람들이에요. 즉 세상을 옳고 그름의 잣대로 보는 거죠." 같은 조사에 의하면, 청년 세대의 77.7퍼센트가 '50대는 겉으로는 민주적이지만 사실은 권위적이다'라고 답했다.• 지금의 젊음은 그때의 젊음에게 권위적이라고 말한다. '권위적'은 민주적의 반대말이다. 권위적이 수식하는 단어로는 '군사 문화'가 적절하다. 교련 수업은 사라졌지만, 마음속 교련복은 쉽게 벗겨지지 않는다. 삶은 정치 구호가 아니다. 태도는 의식이 아니라 무의식에 가깝다.

태도가 되지 못한 민주주의는 현실보다 관념에 정착한다. 가정과 직장 같은 일상의 현실 속 민주주의는 쉽지 않다. 평소의 태도가 변해야만 앞으로 나아간다. 권위주의적 직장 문화, 입버릇이 된 '요즘 젊은 것들'은 타인을 대하는 태도의 문제다. 민주화 투쟁의 경험과 삶의 태도는 무관하다. 관념 속 민주주의는 거리에서 전투 경찰들과 싸우며 만들어진 기억 속 이상향에 가깝다. 세상을 옳고 그름의 잣대로 나눈다. 민주주의의 깃발을 든 우리가 상대방을 무찌른

• 「청년 과반 "586세대는 위선적"」, 〈KBS 뉴스〉, 2021. 6. 19.
「불평등 사회가 586에게」, 〈KBS 시사기획 창〉, 2021. 6. 20.

다. 악을 응징하고 정의를 회복한다. 오래된 서사다. 길가메시와 오디세우스가 들려주던 영웅 서사. 태권브이와 미래소년 코난이 반복하던 이야기다. 이런 식의 서사는 힘이 세지만, 민주주의와는 어울리지 않는다.

민주주의는 적을 섬멸하는 작업이 아니다. 민주주의는 함께 살아갈 공동체를 만들어가는, 느리고 복잡한 과정이다. 애초에 민주주의는 농담과 유머가 가능한 곳에서 작동한다. 대표 제도와 다수결 제도가 현실 민주주의의 실현 수단이기 때문이다. 죽고 사는 문제에 대하여는 나의 의지를 대표에게 위임할 수 없다. 생존이 걸린 문제를 다수결로 결정할 수는 없는 노릇이다. 민주주의는 나와 전혀 다른 생각과도 타협할 수 있다는 믿음에서 시작한다.

> 괴물과 싸우는 사람은 그 싸움 속에서 스스로 괴물이 되지 않도록 조심해야 한다. 당신이 심연을 오랫동안 들여다본다면, 심연 또한 당신을 들여다볼 것이다.
> ―프리드리히 니체

많은 낭만 세대에게 민주주의는 타협의 장소가 아니라

싸움의 현장이다. 80년대와 90년대의 거리를 경험한 이들에게 민주주의는 선과 악이 싸우는 전쟁터에 가깝다. 상대편을 죽이지 않으면 죽는다. 농담과 유머는 불가능하다. 대화는 존중되지 않는다. 또래 청년들이 전투 경찰에게 폭행당하고 잡혀가는 모습을 목격한 것은 갚을 수 없는 부채가 되었다. 이것은 낭만 세대의 정치적 고향이다. 그 시절을 건너온 많은 이들에게 역사는 신화가 되었다. 그들에게 민주주의란 대화와 협상이 필요한 정치체제가 아니라, 선과 악이 싸우는 신화로 각인되었다. 싸움에서는 이기고 보아야 한다. 민주주의를 우리 편과 너희 편의 싸움으로 바라보는 사회에서는 민주주의도 공동체도 버티기 힘들다.

한국에서 정치 양극화는 오랜 지역 갈등의 결과물이었다. 지역에 따라 선호하는 정당이 확연히 구분된다. 이제는 세대 갈등도 목록에 넣어야 한다. 특히 4050세대는 2030세대와 자주 대립된다. 2025년 6월 3일 대통령 선거 결과, 4050세대 10명 중 7명이 이재명 대통령을 선택했다. 압도적 지지였다. 반대로 20대 남성 중 이재명 대통령을 선택한 비율은 24퍼센트에 불과했다. 20대 남성이 범보수 후보(김문수 후보, 이준석 후보)를 찍은 비율을 합산하면 74.1퍼센트였다. 70대 남성(67.9%)보다 높은 수준이다.* 그 시절 젊음이 진보의 상징이었다면, 지금의 젊은 남성은 가장 보수적인 정치 집단이다. 세대별 정치 양극화와 젊은 남성의 보수화는 계엄과 대선을 겪으면서 극단화했다. 선거 결과는 불복의 대상이 되었고, 국가 기관은 모욕의 대상이 되었다. 심지어 사법부를 향해 물리적 폭력이 저질러졌다. 민주주의의 문제가 공동체의 존립 자체를 벼랑 끝으로 몰고 있다.

너는 어떤 미국인인가? What kind of American are you?
— 영화 〈시빌 워: 분열의 시대〉에서

2024년 12월 영화 두 편이 개봉했다. 한 편은 극장에서, 한 편은 현실에서. 극장에서 상영된 미국 영화 〈시빌 워: 분열의 시대〉 속 미국은 내전중이다. "나는 미국인"이라며 살려달라는 자에게 묻는다. 너는 어떤 미국인인가? 자신의 편이 아니라고 생각되면 바로 총을 쏜다. 전직 대통령 윤석열은 2024년 12월 3일 계엄령을 선포했다. 이후 벌어진 일들

---

* 「4050 압도적으로 이재명 지지 70대 김문수, 이대남은 이준석」, 〈매일경제〉, 2025. 6. 4.

은 영화보다 영화적이다. 계엄 선포의 이유는 주술과 정치 사이에 있었고, 사람들은 경고성 계엄과 나를 계몽시킨 계엄 사이에서 언어를 잃어버렸다. 언어를 잃어버린 현실은 사회적 우울이 된다. 우울의 원인이었던 윤석열은 탄핵되었다. 사람들은 두 공동체로 나뉘었다. 이쪽은 법원에 난입하고, 저쪽은 법관을 처벌하려 한다. 대한민국은 헌법 제도가 아니라 총기 규제 제도에 의해 유지되고 있는지도 모른다.

어쩌다가 여기까지 왔을까? 누구보다 서글픈 사람들은 그들일 것이다. 80년대 그리고 90년대, 민주주의의 거리를 경험한 사람들. 어린 시절 군사 독재를 겪었고, 젊은 시절 민주주의를 외치던 사람들. 그들이 달리던 그 거리의 끝은 낭만적이지 않은 듯 보인다. 지역과 세대로 갈라진 나라. 공동체가 나뉘어 서로를 증오하는 현실. 민주주의란, 나와 다른 생각도 듣고 이해해보겠다는 다짐, 우리 편은 아니지만 함께 갈 방법이 있을 것이라는 상상, 끊임없는 타협과 조정이라는 인내의 과정이다. 그것은 가치이며 태도다. 그 시절 청년들이 지금의 청년들에게 먼저 보여주어야 할 공존의 방법이다.

서른 살, 청춘의 이야기

젊음이란 무엇인가? 하나의 꿈이다. 사랑이란 무엇인가? 꿈의 내용이다.

—쇠렌 키르케고르

젊음은 떠나고, 사랑은 잊힌다. 그래서 서른 살은 노래가 된다. 내가 떠나보낸 것도 아니고, 내가 떠나온 것도 아니지만, 젊음은 떠남을 준비하고 사랑은 뒷모습을 보이기 시작한다. 김광석은 1996년 1월 6일 노래처럼 떠나갔다. 세기말이었다. 1966년생은 서른 살, 1976년생은 스무 살이었다. 서른을 지나온 청춘과 서른을 지나게 될 청춘은 모두 청춘이 버거웠다. 사랑은 꿈이었고, 꿈은 지나간다. 그 사람, 민주주의, 봄날의 희망……. 무엇을 사랑했든 마찬가지다.

어른은 꿈이 아니라 현실을 이야기한다. 청년은 서른이 되었거나 서른이 되어가고 있었다. 어른이 될 시간이다. 현실을 이야기해야 한다. 현실은 꿈의 내용이 아니다. 현실에서는 다른 말을 배워야 한다. 서른의 언어는 아직 서툴다.

청년의 단어가 세상의 문법과 섞일 때, 내 안에 있던 어떤 아이는 방문을 닫는다. 서른 즈음은 어른이 되어야 할 시간이었고, 마침 시절은 세기말이었다. 서른 살 청춘은 경계를 넘어가는 시간이었고, 세기말 현실은 과거와 미래가 부딪치는 경계였다. 혼돈의 세기말을 혼란의 젊음으로 건너야 하던 세대에게 어른이 되는 일이란 무엇이었을까?

세기말의 경계를 넘어갈 때, 낭만 세대에게는 두 가지 시간이 충돌하기 시작한다. 하나의 삶이 두 시대를 살아간다. 유년 시절 추억 속에는 아날로그 문화와 유교적 공동체와 군사 문화가 남아 있다. 어른이 될 무렵 그들이 적응해야 했던 새로운 시대의 문화는 디지털과 개인주의와 도시의 익명성으로 가득하다. 두 문화가 삶 속에서 부딪치며 섞인다. 가끔은 과거와 현재가 충돌하며 시차의 혼란을 겪기도 한다.

나이를 먹는 일은 자연스러운 시간의 흐름이다. 각 연령대에는 사회가 요구하는 기대와 책임이 있기 마련이다. 서른 살은 부모에게서 독립하고 가정을 꾸리는 시기다. 그 모든 행위는 사회에 이미 존재하는 관습과 문화 속에서 이루어진다. 사람들은 다른 이들과 비슷한 모습으로 자신의 삶도 흘러갈 것이라고 기대한다. 먼저 경험한 세대가 살아가던 모습을 보고 배우며 각자의 미래를 설계한다. 그러나 20세기의 경험은 많은 경우 21세기의 새로운 시대에 적응하지 못한다. 세기말을 건너는 동안 문화는 급속하게 변한다. 이전 세대에서 다음 세대로 흘러가는 시간의 흐름 앞에 높다란 벽을 세운다.

먼저 삶의 방식이 변했다는 사실을 생각해야 한다. 인간은 모여서 사회를 이루고 구성원들은 사회가 가르쳐준 문화 속에서 삶을 꾸려간다. 아이들은 어른들의 모습을 보고 배운다. 그렇게 문화의 일관성이 유지된다. 60년대와 70년대 태어난 이들은 어린 시절 유교적 문화의 흔적 속에서 어른들의 삶을 보고 배우며 자신들의 가치관을 만들어왔다. 이들이 어른이 되어 독립된 삶을 시작할 무렵, 이전에 보고 배운 삶의 방식들로는 적응하지 못할 시대가 다가왔다.

아이는 부모를 통해 먹는 방법을 배우고 말하는 법을 익힌다. 몸에 익숙해진 것들은 오랫동안 유지된다. 이것들은 읽고 쓰며 배우지 않았다. 보고 들어서 배웠다. 낭만 세대는 부모에게서 보고 듣지 못한 것을 실천하며 살아야 하는 운명을 받아들여야 한다. 어느 날부터인가 '프렌디'라는 말이 들려오기 시작했다. '프렌디'는 프렌드 friend와 대디 daddy

를 합한 신조어로, 아이와 친구처럼 지내는 아빠를 가리킨다. 과거 육아는 여성의 몫이었다. 여성의 사회 참여가 증가하고 가족에 대한 생각이 변하면서, 육아에 참여하는 남성이 늘어나기 시작했다. 자연스럽게 예전 가부장적 이미지의 아버지는 사라지고, 마치 친구처럼 아이들과 놀아주고 대화하는 아빠의 이미지가 등장했다.

60년대와 70년대 태어난 세대에게 아버지란 유교적 전통의 마지막 흔적이었다. 그 시절 대부분의 아버지는 말이 없고 엄했다. 대화의 상대가 아니었다. 멀리서 바라보며 마음속으로 의지하는 관계였다. 아이와 대화하고 놀아주는 아빠의 이미지는 세상의 변화와 함께 쉽게 다가왔지만, 그 실천은 어렵다. 어려서 그와 같은 아빠를 보고 배운 적이 없기 때문이다. 지나간 문화의 마지막 세대이며 새로운 문화의 첫 세대. 보고 배운 적 없는 삶의 방식을 실천해야 하는 세대. 낭만 세대에게는 언제나 마지막과 처음이 공존한다.

문화적 환경이 변화함에 따라 관계의 방식도 변한다. 60년대와 70년대에 태어난 이들이 아이였을 때, 생활과 놀이는 다르지 않았다. 아이들은 따로 구분된 놀이터나 PC방처럼 일상과 분리된 장소에서 놀지 않았다. 마을 앞 논두렁,

개천가가 놀이터였고 집 앞 골목이 아지트였다. 아이들은 돌멩이와 나무를 이용해 새로운 놀이를 만들었고, 조그만 공 하나만 있어도 골목이 즐거웠다. 공기놀이와 고무줄놀이로 웃음 가득할 때도 특별한 장소나 많은 도구가 필요하지 않았다. 학교를 마치고 집으로 돌아오는 길이 아이들의 놀이가 시작되는 곳이었고, 저녁 먹으라는 엄마의 목소리가 놀이 시간의 마침표였다. 관계 중심적 사고가 유지되고 있었다. '인지상정 人之常情'의 문화가 살아 있었다. 시간과 장소, 사람 사이의 관계는 구분되기보다 모호하게 뭉쳐 있었다.

그 시절이 그리운 골목대장들도 어른이 되었다. 마침 세기말 사회는 전통 사회의 마지막 흔적들을 지우고 있었다. 도시의 익명성이 사회의 바탕색이 되었다. 아파트의 공간 배치는 이웃과의 관계가 아니라, 혼자만의 편리함을 추구한다. 몸에 밴 인간관계의 관습이 아니라 합리적 규칙과 규정을 확립해야 했다. 업무 시간과 휴식 시간은 명확히 구분되어야 하며, 업무 성과를 정량적으로 정확히 평가해서 성과를 보상해야 한다. 세상은 모호하지만 따뜻하던 관계 중심에서, 확실하지만 차가운 숫자 중심으로 변해갔다. 다른 두 시간대를 모두 경험한 세대는 문화적 시차時差를 겪어야 한다.

60년대와 70년대에 태어난 이들은 IMF 경제 위기가 시작되고 마무리되는 모습을 지켜보았다. 쉬지 않고 커가던 경제가 휘청거릴 때, 위기 속에서 사람들은 미래에 대한 계획을 수정했다. 꿈이 아니라 현실이 중요하다는 교훈이 퍼져갔다. 살아남기 위한 경쟁은 당연한 삶의 조건이 되었다. 농경 문화에서 이웃의 노동력은 공동체의 자원이었다. 품앗이는 서로 함께 먹고 살아야 하는 현실을 반영한 경제의 방식이었다. 그러나 세기말 욕망은 돈으로 통일되었고, 돈을 벌기 위해서는 경쟁에서 살아남아야 했다. 이웃은 타인이 되었고, 타인은 경쟁자가 되었다. 사람과 사람 사이의 관계가 변했다. 어린 시절 농경 문화의 흔적 속에서 이웃을 경험했지만, 세기말을 지나며 경쟁 사회 속에서 살아간다. 역시나 낭만 세대는 마지막과 처음이 공존하는 세대다.

문화는 사람이 살아가는 모든 조건을 구성한다. 세월에 따라 문화는 변하고, 그 변함은 개인에 대한 생각을 바꾼다. 한국인들은 집단 속에서 나를 규정해왔다. '나'라는 개인은 언제나 국가, 가족, 출신 학교, 직장 등을 통해 표현되었다.

그러나 세기말을 지나면서 어떤 변화에 대한 강박이 퍼져나갔다. '一화'의 시대였다. 국제화, 세계화, 디지털화 등등. 그중에서도 '개인화'는 충격적인 이야기다. 농경 문화의 집단주의와 상명하복의 군사 문화 속에서 유년과 사춘기를 보낸 이들 세대에게 개인을 찾기란 난감한 일이다.

회식會食은 여러 사람이 함께 음식을 먹는 것을 말한다. 사람들은 그 단어의 유래로 사마천의 『사기史記』를 언급한다. 한신이 조나라 정벌을 앞두고 군사들에게 "오늘 조나라를 부수고 함께 모여 먹자今日破趙會食"고 말한 데서 시작되었다고 한다. 회식 문화는 직장 생활에서 가장 중요한 부분이었다. 함께 일하는 사람들끼리 감정을 공유하고 집단의식을 강화하는 것은 조직 생활의 일부였다. 젊은 세대들은 업무 외 시간의 자율성을 주장한다. 집단을 위한 개인이 아니라 개인을 위한 집단으로 변화했다. 많은 이들이 회식 문화의 문제점을 지적한다.

어린 시절, 부모님은 중요한 일을 이웃, 친지와 함께 감당했다. 아이들은 함께 놀았다. 학교에서는 함께 공부했고, 직장에서는 모든 것을 함께 하는 것이라고 배웠다. 세상이 변했다. 지금의 젊은이들은 어려서부터 자신의 방에서 디지털을, 혼자만의 세계를 경험하며 자라났다. 지난 세기의 정서로는 이들과 공감하기 힘들다. 인간은 적응하는 동물이다. 한 번도 경험해보지 못한 개인의 시간을 받아들여야만 한다. '고상한 고립'의 시간이다. 낭만 세대에게 '개인'은 경험된 것이 아니라 습득해야만 하는 도전에 가깝다.

세기말의 혼란과 변화를 건너는 동안 청춘은 지난 시절의 꿈에서 깨어나기 시작한다. 현실은 각자도생의 경쟁 속에서 생존 본능의 시간을 맞이한다. 가끔은 외롭다. 사회의 모순과 민주주의를 고민하던 청춘들은 가슴에 토익 책을 품고 각자 취업과 승진을 고민하며 떠나기도 했다. 어른이 되는 일은 쓸쓸하다. 젊음의 꿈은 사랑으로 가득하다. 다만 이제 사랑의 대상을 바꿀 시간이다. 나에게 몰입할 시간이 다가온 것이다. 나를 사랑해야 할 시간이다. 시인 기형도는 "나의 생은 미친 듯이 사랑을 찾아 헤매었으나/단 한번도 스스로를 사랑하지 않았노라"(「질투는 나의 힘」 중)고 썼다.

시인 기형도는 1989년 영원히 '빈집'에 갇히게 되었다. 세기말 죽음이었다. 20세기는 거대 담론의 시간이었다. 거대한 호들갑의 시간. 사람들은 민주주의와 통일과 평화를 말하며 술잔을 채웠다. 청춘들은 거리의 함성이 되기도 했고, 뒤에 앉아 부끄럽기도 했다. 소련과 공산주의가 무너진 자리에서 새로운 세기가 시작되었다. 이제 누구도 이념과 유토피아를 쉽게 말하지 않는다. 부모들이 보여준 삶의 방식과 오래도록 이어진 가치들은 지나갔다. 새로운 것들은 아직 도래하지 않았다. 빈 공간에 들어선 것은 '나'라는 질문지였다. 각자의 '나'는 서로와 경쟁하며 '나'를 향해 달려가기 시작한다.

세기말, 1999년 7월 27일. 대한민국 스타벅스 1호점이 문을 열었다. 스타벅스는 커피만 마시는 곳이 아니다. 스타벅스는 실용적인 여유affordable luxury를 판매한다. 편안한 음악과 인테리어를 배경으로 안락한 시간을 구매하는 장소다. '혼밥'과 '혼술' 같은 낯선 문화가 유행하기 전에 혼자 마시는 커피 한 잔이 먼저 시작되었다. 회식이 번거롭고 타인이 낯선 시대가 다가온 것이다. 새로운 문화는 배우기도 전에 눈앞에서 작동하고 있었다. 한국 사회 최초의 낭만 속에서 자라온 어느 세대가 늙어가고 있다. 그들의 세기말 청춘은 지나온 시간들을 떠나보내야 하는 시기였다.

낭만 세대에게 세기말은 중의적 시간이다. 어른이 되는 나이였고 새로운 세기가 시작되는 시기였다. 세기말, 어른이 된다는 것은 무엇이었을까? 나와 나를 둘러싸던 모든 것들에게 질문을 시작한다는 의미일지도 모른다. 조용히 자신에게 묻는다. 젊음은 지나갔다. 이제 세상을 어쩌란 말인가? 젊음을, 낭만을, 어쩌란 말인가? 그런데 그것들이 도대체 '나'와 무슨 상관인가? 1994년 어느 날, 시인 최영미는 그들을 대신해서 대답을 하고 있었는지도 모른다. "어쩌면 나는 알고 있다/누군가 그 대신 상을 차리고, 새벽이 오기 전에/다시 사람들을 불러 모으리라/환하게 불 밝히고 무대를 다시 꾸미리라//그러나 대체 무슨 상관이란 말인가."(「서른, 잔치는 끝났다」 중)

3장. 낭만을 위하여_공감의 상상

금요일에 태어난 아이들은 월요병의 노인이 되어간다. 2025년 초고령 사회가 시작되었다. 월요병. 사람들은 월요일을 병으로 비유한다. 한국 사회의 현재를 걱정 가득한 월요일에 비유하기도 한다. 다가올 시간은 기대가 아니라 불안의 대상이다. 미래는 지금보다 어려울 것이라고 한다.

> 무서운 얘기 하나 해드릴까요? 내일 월요일이에요.
> ―드라마 〈미생〉에서

그들은 항상 어제보다 나은 오늘을 맞이했다. 오늘보다 좋은 내일을 꿈꾸며 살아왔다. 처음 맞이하는 전망에 당황한다. 성장률은 가라앉고 인구는 줄어든다. 경제는 이미 구조적 저성장 국면에 들어섰다. 많은 예측이 드러내는 신호는 비관적이다. 낯선 노년과 혼란한 중년이다.

위기는 대부분 숫자로 표시된다. 전망은 각종 그래프와 복잡한 수학적 모형들이다. 전문가들은 위기를 극복할 방안을 제시한다. 위기 극복의 대안들은 모두 합리적 추론에 의지한다. 하지만 어떤 경우에도 숫자들과 합리성은 문제를 해결할 주체가 아니다.

공동체가 맞이한 위기는 함께 극복할 수 있지만, 공동체 자체의 위기는 모든 가능성의 소멸로 연결될 수 있다. 각종 세대론이 유행하고, 세대 갈등은 심각하다. 진정한 대안은 공감의 공동체를 고민하는 데에서 시작한다. 갈등과 혐오가 아닌 공감의 이야기를 만들어야 한다.

어른이란 구성원 모두의 시간을 함께 고민하는 사람이다. 낭만 세대의 마지막 의무는 세대를 이어가게 될 이야기를 함께 시작하는 것이다. 이야기를 하려면 먼저 들어야 한다. 그들이 살아온 삶의 이야기, 젊은 세대가 하려는 이야기를 들어보려 한다.

새드엔드 세대

'끝이 좋으면 다 좋아 All's Well That Ends Well.' 셰익스피어 희곡 제목이다. 어린 시절부터 보아온 모든 이야기는 해피엔드를 노래했다. 동화와 만화 영화는 결국 한 가지 이야기로 마무리된다. 주인공은 온갖 역경을 딛고 일어서며, 이야기는 행복으로 끝난다. 인생의 마지막 크레디트에는 이런 문장이 쓰이길 원한다. '오래오래 행복하게 살았답니다.' 이야기는 형태가 없는 삶에 질서와 의미를 부여한다. 우리는 그 이야기 속에서 삶을 계획하고 해석한다. 오래오래 행복하게 살기 위해 노력한다. 열심히 공부하고, 좋은 직장을 얻고, 가정을 꾸린다. 해피엔드를 준비한다.

현실이 서사를 배반하기 시작했다. 분명 예전보다 오래 살게 되었지만, 오래 사는 일과 행복하게 오래 사는 일은 전혀 다르다. 유병장수有病長壽의 시대다. 65세가 넘는 노인 중 절반은 세 가지 이상의 질환을 가지고 있다. 기대 수명은 길어졌지만, 건강 수명은 제자리다. 평균적으로 17년 동안 병원 신세를 진 후 마지막을 맞이한다.* 가난한 노인은 새드엔드 스토리의 첫 구절이다. 2020년 기준 한국의 노인 빈곤율은 40.4퍼센트로 OECD 회원국 중 가장 높다.** 한국의 노인 자살률(인구 10만 명당 46.6명)은 OECD 국가(평균 17.2명) 중에서 압도적 1위다.***

노인 빈곤과 노년 자살은 최근 두드러진 현상이다. 자식이 부모를 부양하던 전통은 사라지고 있다. 갑자기 우울한 새드엔드가 들이닥쳤다. 사회적으로나 개인적으로나 변화에 적응할 시간이 없었다. 이전 세대는 이미 전통적 관습에 따라 노년의 삶을 살아가고 있으며, 80년대생 이후는 새로운 생애 주기에 적응할 시간이 있다. 낭만 세대에게 현실은 갑자기 들이닥친 재난이다. 예상치 못한 변화 속에서 아무런 계획 없이 중년을 지나고 있다. 노년을 맞이한다. 해피

- 「'유병장수' 시대⋯⋯ 노인 만성 질환 10년 새 2배 증가」, 〈매일경제〉, 2023. 8. 6.
  「노인 절반은 3개 이상 만성 질환⋯⋯ '유병장수 시대'」, 〈MBC 뉴스〉, 2018. 12. 14.
  「골골 17년⋯⋯ '건강한 노화'는 꿈이런가」, 〈한겨레〉, 2024. 12. 12.
- ●● 「66세 이상 한국 노인 40% '빈곤'⋯⋯ 또 OECD 1위」, 〈한겨레〉, 2023. 12. 19.
- ●●● 「노인 빈곤 자살률 OECD 1위, "늙으면 빨리 죽어야지"⋯⋯ 농담이 현실이 된 사회」, 〈중앙일보〉, 2022. 11. 19.
  「노인 자살률 OECD 압도적 1위⋯⋯ 준비 안 된 초고령 사회」, 〈조선일보〉, 2023. 1. 31.

엔드는 쉽지 않아 보인다.

　최빈국의 희망으로 태어났다. 끊임없는 변화를 현재 진행형으로 경험했다. 이들이 지금 서 있는 새로운 한국 사회는 '피크 코리아peak Korea'다. 1990년대까지 두 자릿수 성장률을 기록하던 경제는 2000년대 5퍼센트, 2010년대 3퍼센트, 2020년대 이후 2퍼센트대로 하락했다. 한국의 경제와 민주주의는 바닥에서 시작해서 꾸준히 위를 향해 달렸다. 이제 그 정상에 올라 정점을 찍었다는 불안이 퍼지고 있다. 동시에 낭만 세대는 각자 자신만의 '인생 피크'를 경험하기 시작한다. 중년과 노년의 여정은 오르막을 마무리할 시간이다. 이렇게 두 가지 하강이 한 세대에서 모인다.

　현실을 표현하는 은유의 언어가 유행하면, 바로 그 다음 은유가 따라 나온다. 그렇게 이야기의 틀이 만들어진다. '피크 코리아'라는 단어에 고개를 끄덕이면, 이제 우리가 할 일은 내려가는 일로 비유된다. 앞으로의 일은 상승이 아니라 하강의 은유에 따라 예측된다. 우리는 내리막을 준비해야 한다. 이제 내려갈 시간이다. 결국 새드엔드뿐인가? 낭만 '세대'의 새드엔드를 이야기해보자. '세대'부터 고민해본다. 세대란 무엇인가? 우리는 왜 세대를 이야기하는가?

동일한 단층 위에 유사한 경험을 쌓아온 사람들은 자신들만의 시대를 살아간다.* 약 1백 년 전 카를 만하임 등으로부터 시작된 세대론은 경험과 연령에 따른 세대의 사회적 성격에 집중한다. 경험은 삶을 변화시킨다. 전쟁을 경험한 세대는 다른 세대와 분명 다르다. 특정 시기에 비슷한 경험을 공유한 사람들의 집단이 만들어진다. 코호트 효과cohort effects다. 나이에 따라 연령 효과aging effects도 나타난다. 나이가 들면서 변화하는 신체적·정신적 측면과 경험의 축적은 한 세대를 다른 세대와 구별한다.

세대는 '시간의 향우회'다.** 지그문트 바우만은 '세대'라는 범주가 주목받기 시작한 배경으로 세계대전이라는 '정체성 충격'을 언급한다. 전쟁 이전의 나와 전쟁 이후의 나는 사용하는 단어가 달라졌다. 지금 아는 것을 그때는 상상도 할 수 없었다. 현대의 시간은 빨리 흐른다. 자주 단절을 경험한다. 지금의 우리는 그때의 우리와 대립하기도 한다.

- 카를 만하임, 이남석 옮김, 「2. 사회학적 관점에서 본 세대 문제」, 『세대 문제』, 책세상, 2020, 30쪽, 61쪽.
- ● 전상진, 「5장 시간의 고향」, 『세대 게임 '세대 프레임'을 넘어서』, 문학과지성사, 2018, 183쪽.

'세대(시간의 향우회)'는 개인의 파편화한 삶의 경험을 이해하려는 노력이다. 정체성을 찾으려는 탐구다.● 그럼에도 불구하고, '─세대'라는 신조어가 등장할 때마다 비판이 따라 나온다.

'─세대'로 사람들을 범주화하는 일은 비판의 대상이다. 예를 들어, 고가 부동산을 구입한 부자와 생계가 곤란한 빈자를 같은 세대라고 부를 수 있을까? 세대론은 빈부 격차와 같은 세대 내 문제를 희석한다. 계급 갈등과 같은 세대 내 모순을 보이지 않게 한다. 혹시 이것은 '─세대'라는 용어를 잘못 사용한 결과는 아닐까? 세대론의 목적인 정체성 찾기에 실패한 결과는 아닐까? 먼저 기존에 사용된 '─세대'의 용법을 생각해본다.

세대와 관련해서 가장 익숙한 단어는 'X세대'다. X세대와 함께 본격적인 세대론이 시작됐다. 대략 1970년대생을 지칭하는 X세대의 상징은 미지수 'X'다. 당시 기성세대는 그들의 자유로운 젊음이 낯설었다. '오렌지족'이라는 부정적 뉘앙스가 뒤따라 등장하기도 했다. 어디에도 얽매이지

● 지그문트 바우만, 김수진 옮김, 「2장 우리, 삶의 예술가」, 『지그문트 바우만 행복해질 권리』, 21세기북스, 2025, 142-145쪽.

않는 개성과 자유. 신인류라는 단어가 유행했다. 이것이 정말 70년대생의 정체성인가? 이름을 붙이고, 이름을 부르는 일에는 언제나 어떤 힘이 작용하기 마련이다.

우리금융지주는 2024년 12월 〈2024 우리금융 트렌드 보고서 X세대의 생활〉을 발표했다. 보고서에 의하면, X세대(1970-1979년생) 중 57.3퍼센트는 본인보다 가족을 더 중요하게 여긴다. 다른 연령대보다 월등히 높은 수치다. X세대의 43.2퍼센트는 부모와 자녀를 모두 지원하고 있다. 베이비부머 세대(21.6%)보다 높은 비율이다. X세대는 부모와 자녀에 대한 경제적 지원으로 인해 자신의 노후는 준비하지 못한다. 보고서는 X세대를 '샌드위치 세대'로 정의한다.•

X세대의 미지수 X는 결국 세월의 질량이었을까? 나이가 들고 삶이 무거워지는 것은 당연하다. 젊음의 한 시절, 그때는 가벼웠을 뿐이다. 그들의 삶은 여전히 미지수다. 다만 현재의 그들을 두고 개성과 자유의 정체성을 말하기는 어려워 보인다. 어느 시대나 기성세대는 "요즘 젊은 것들이란……"이라고 말한다. X세대는 1990년대 새롭게 등장한

• 〈2024 우리금융 트렌드 보고서 X세대의 생활〉, 우리금융지주, 2024. 12.

소비 사회에 적응한 젊은이들이었다. 어떤 세대의 특성이 아니라, 소비 사회로 넘어가던 시대의 특성이었다.

이런 식의 호명呼名을 정체성 표현이라고 정의하기는 어렵다. 누가 —세대라는 이름을 만들고 부르는 힘을 행사하는가? 기업의 마케팅 활동은 소비자를 구분하고 시장을 세분화한다. 이미지를 만든다. 아모레 화장품의 '트윈X'라는 스킨로션 브랜드에서 한국의 X세대 이름 붙이기는 시작되었다.* 소비자를 세대로 구분하고 마케팅 전략을 수립한다. 가끔은 마케팅을 위해 세대를 만들기도 한다. 세대의 이미지를 창조한다. 이미지는 제품 구매의 욕망으로 연결된다. M세대, Z세대라고 부르며 소비 욕망을 칭찬한다.

정치는 지역 갈등의 포로였다. 이제 세대 갈등도 추가되었다. 선거철이 되면, 갑자기 이웃들은 '기득권 꼰대'와 '버릇없는 청년'이라는 이름으로 불린다. '세대 포위론', '세대 갈라치기'와 같은 선거 공학이 유행한다. 복지, 고용, 연금 등 문제는 복잡하다. 어려운 이야기는 선거 구호로 적당하지 않다. 혁명 이론이 서재에서 사라진 시대다. 세대는 계

---

* 한동철, 고언정, 김정윤, 「X세대 소비자를 향한 마케팅적 제안」, 〈기업경제 '95.1〉 현대경제연구원, 77-78쪽.

급보다 혁명적이다. '게임만 하는 무식한 젊은이들'과 '미래 세대를 약탈하는 연금충'은 직접 감정에 호소하기 때문이다. 많은 경우 투표함은 감정이 채운다.

'낭만 세대'는 마케팅 전략이 아니다. 선거 공학도 아니다. 시대의 예측은 어둡고, 그들의 몸은 중년을 넘어간다. 하산을 준비하는 사람들에게 "너희는 누구인가?"라고 묻는다. 지금까지 최선을 다했다. 이제 조용히 삶의 의미를 돌아본다. 새드엔드로 마무리할 수는 없지 않은가?

> 아들아. 아무리 현실이 힘들다 해도 인생은 아름답단다.
> ―영화 〈인생은 아름다워〉에서

영화 속 주인공은 총살당한다. 새드엔드다. 제목은 '인생은 아름다워'. 1999년 개봉했다. 모든 이들은 해피엔드를 꿈꾼다. 이상한 일이다. 해피엔드를 바라보며 사는 사람들은 왜 새드엔드 스토리에 감동하는가? 주인공을 죽여놓고 왜 영화는 인생을 아름답다고 말하는가? 어른은 아이와 다르기 때문이다.

동화는 해피엔드로 마무리되지만, 어른들은 자주 새드엔

드에 감동한다. 아이들에게는 재미가 중요하다. 어른들은 삶의 의미를 묻는다. 재미와 의미는 다른 영역이다. 어른들은 알고 있다. 인생은 어차피 새드엔드다. 사랑하는 이들과 아름답던 순간은 반드시 사라진다. 다만 모든 사라짐은 의미를 남긴다. 나의 죽음(엔드)은 나만의 것이지만, 죽음 이후 나의 의미는 나를 기억하는 타인의 것이다. 그렇게, 의미는 관계의 결과물이다.

인간은 삶의 의미와 가치가 궁금하다. 삶은 수동태로 시작해서 수동태로 마무리된다. 그 사이에서 살아가는 것이 인생이다. 60년대와 70년대에 태어난 사람들. 그들은 드디어 질문을 던질 수 있는 연령에 다가선다. 가끔은 마지막을 고민해도 될 나이다. 영화 속 주인공의 마지막은 슬프다. 그렇지만 그와 그의 아이가 만들어낸 관계는 아름답다. 아름다운 새드엔드다. 아름다운 새드엔드는 인간과 인간 사이에서 피어나는 미학이다. 삶이 꿈꿀 수 있는 모순 어법이다.

인간은 타인과 살아가고, 하나의 세대는 다른 세대와 살아간다. 인간과 인간의 집단인 세대는 그 과정에서 '나는 누구인가'를 깨닫는다. 삶의 의미 찾기를 시작한다. 어른은 막연한 해피엔드를 꿈꾸지 않는다. 낭만 세대는 어른이다.

다른 세대와의 관계 속에서 아름다운 것을 그려본다. 모든 관계는 서로 듣고 말하며 시작된다.

밤의 은유가 적절한 시대다. 우리는 알 수 없고, 앞으로 더욱 알 수 없을 듯하다. 밤에는 누구도 볼 수 없다. 볼 수 없음은 두려움의 대상이다. 대신 밤에는 들을 수 있다. 어쩌면 볼 수 없으므로 더욱 잘 들을 수 있고, 잘 들어야 한다. 어두운 밤, 아무것도 보이지 않을 때 함께 걷는 이들의 발소리가 길을 만든다. 타인의 소리는 두려움을 물리칠 유일한 빛이다. 나와 이웃의 이야기를 듣고 그것을 말하는 법을 배워야 한다.

보폭을 줄이고 무게 중심은 뒤에 두어야 한다. 내려가는 길에 마주하는 풍경은 올라오면서 뒤에 두고 온 것들이었다. 고독과 성찰의 언어로 추억을 이야기하며 내려간다. 막막한 것은 미래이며, 사라지는 것은 과거다. 우리의 서사를 말하고 타인의 서사를 들으며, 공동체를 만든다. 혼란과 불안의 밤을 건넌다.

먼저 낭만 세대의 삶을 구성해온 서사와 젊은 세대의 서사를 비교해보려고 한다. '하면 된다'를 외치며 시간을 건너온 사람들과 '되면 한다'라고 말하며 현재를 살아가는 사람들의 이야기다. 두 이야기는 충돌하고 갈등하기도 한다. 이야기를 깊이 들여다보면, 새로운 질문이 떠오를지도 모를 일이다. 새로운 길은 언제나 새로운 질문으로 시작되기 마련이다.

하면 된다―성실한 능력주의자

누구보다 성실하게 살아왔다. 그들의 열심은 좀 다르다. 한국은 가난했고, 가난한 한국의 출산율은 피크였다. 자원은 없고 사람들은 많았다. 아이들은 부모의 유일한 희망이었다. 이 땅을 오래 짓눌러온 신분제는 사라졌다. 모두가 노력하는 것 말고는 다른 방법이 없었다. 성공은 오로지 노력의 결과로 보였다. 넘치는 아이들은 경쟁의 용광로 속으로 씩씩하게 걸어들어갔다. 아이들은 어른이 되었고, 용광로는 하나의 세계를 만들어냈다. 낯선 현재가 시작되었다.

하면 된다.
―그 시절 어느 학교의 교훈

그 시절 국민학교에서는 반마다 아이들 70여 명이 재잘 댔다. 아이들 수만큼 평등한 꿈이 있었다. 양반과 상놈의 시대는 옛날이야기였고, 금수저와 흙수저는 아직 모르는 시절. 모두가 노력하면 성공할 수 있을 거라 여겼다. 모두가 가난한 나라. 가난한 부모의 이름이 아니라 나의 노력이 세상으로 나갈 길이었다. 대학 입시는 새 길로 들어설 수 있는 자격증 같은 것이었다.

어느 세대나 자신들의 삶이 가장 특별하다. 다만 현재의 기성세대인 60년대와 70년대에 태어난 이들의 삶은 어쩌면 한 가지 '이야기'로 수렴한다. 이야기 속 세상은 그리 복잡하지 않다. 한 이야기 속에서 삶을 해석하고 계획하고 반성하며 살아왔다. '노력하면 성공한다.' 노력과 성공 사이의 뚜렷한 인과 관계. 세상은 단순하다. 성공은 노력의 결과다. 실패의 원인은 노력 부족이다.

'하면 된다'라는 구호는 그 시절의 윤리였다. 어른들의 동화 같은 이야기지만, 시절은 동화를 시대정신으로 만들었다. 어떤 논리도 현실을 이기지 못하기 마련이다. 정말 하면 되었다. 그들이 태어나 말을 배우고 국민학교에 갈 무렵, 대한민국은 무엇이든 하고 있었고, 무엇이든 되고 있었다. 길이 뚫리고 빌딩이 올라가고 수출이 늘어났다. 사람들은 여기저기 붙은 표어를 가슴속에도 하나씩 새기고 있었다. '하면 된다.'

정주영이나 김우중 같은 재벌 회장은 신분이나 세습의 결과물이 아니었다. 부모가 누구인지는 묻지 않았다. 노력이 중요할 뿐이다. 자수성가의 시대였다. 정주영은 '이봐, 해봤어?', 김우중은 '세상은 넓고 할 일은 많다'라는 유행어를 만들었다. 가난한 나라의 아이들은 일찍부터 세상을 알아버렸다. 노력하면 성공할 수 있는 세상이다.

'하면 된다'는 역경을 뚫고 나가기 위한 개인의 소중한 결단이다. 하지만 세상은 동화가 아니다. 우연으로 만들어진 세상에서 법칙을 찾기는 어렵다. 노력과 성공 사이에서 명징한 인과 관계를 찾는 일은 자주 무의미하다. 애초에 노력을 측정하거나 성공을 정의하기란 불가능하다. 1977년 권투 선수 홍수환은 세계 타이틀 결정전에서 2회에 네 차례 다운된 후 3회 KO승을 한다. '4전 5기' 신화를 현실에서 이뤄냈다. 1982년 권투 선수 김득구는 세계 챔피언 맨시니를 상대로 선전했으나, KO패 후 의식을 잃고 사망했다. 두 권투 선수 사이에는 어떤 노력의 차이가 있었을까?

생각해보면, 삶은 대부분 질문으로 마무리된다. 삶에 주어진 중요한 질문들에 대한 답은 많은 경우 신의 몫이다. 우리는 그것을 운이나 운명이라고도 부른다. 그 시절 '하면 된다'의 동화가 설득력을 얻은 이유는 그 시대가 그런 상황이었기 때문이다. 기적 같은 경제 성장은 어떤 노력을 성공으로 이어준 객관적 조건이었다. 이제 그 시절의 성장률 수치는 찾을 수 없다. 세상은 변한다. 동화를 일반화하면 혼돈이 시작된다.

'하면 된다'라는 표어를 가슴에 새기고 살아온 사람들. 치열한 경쟁 속에서 성실하게 살아온 사람들. 그들이 세상을 바라보는 방식은 '능력주의' 세계관이다. 낭만 세대는 능력주의라는 싱크홀을 한국 사회에 만들어놓았다. 모두가 빨려들어가는 시대정신이다.

능력주의meritocracy는 영국 사회학자이자 작가인 마이클 영이 1958년 『능력 지배 사회의 부상』이라는 디스토피아 소설을 쓰는 과정에서 만든 신조어다. 그는 소설에서 세습 기반의 권력 구조가 사라지고 오로지 개인의 능력에만 기반을 둔 사회를 그리고 있다. 소설 속 사회는 출생에 따른 귀족제나 부에 따른 금권제가 아니라, 능력 있는 사람이 지배하는 능력주의 사회다.

능력주의는 신분이나 재산을 기준으로 차별하지 않는다. 보상은 개인의 능력에 따라 주어진다. 경쟁을 통해 사회는 발전하고 모두는 평등한 기회를 갖는다. 60년대와 70년대에 태어난 이들에게 매우 익숙한 시스템이다. 모두가 평등하게 가난한 나라의 아이들은 오직 시험으로 경쟁했다. 사회의 자원은 시험 점수에 따라 배분되었다. 모두 결과에 승복했다.

시험지는 부모가 누구인지 묻지 않았다. 동일한 시험지를 나누어주고, 성적에 따라 줄을 세우는 방식이 가장 평등하다고 생각했다. 학력고사와 고등고시는 필요에 따른 평가 시스템이 아니라, 개인과 집안이 만질 수 있는 계층 이동의 사다리였다. 낭만 세대의 많은 이들은 학생부 종합 전형 등 복잡한 현재의 입시 제도를 비난한다. 같은 날 모두가 같은 시험을 보는 것만큼 평등하고 공정한 제도가 어디 있겠는가?

한국적 능력주의다. 신분 제한은 없다. 평등하게 경쟁할 수 있다. 오랫동안 이어진 과거 제도의 전통이 근대적 채용 시스템과 완벽하게 만난다. 사람들은 시험을 통한 계층 이동을 상식으로 받아들인다. 시험은 가장 평등하고 정의로운 제도다. 모두가 모여 동일한 문제를 풀어내고, 그 점수에 따라 보상받는다. 시험 앞에서 집안이나 학벌 등의 장애물은 사라진다. 개천에서 태어나도 용이 될 수 있다. 평등한 세상이다. 정말, 그러한가?

능력주의는 불평등을 정당화하고 사회적 연대를 파괴한다. 능력주의가 강조하는 '능력'이란 이미 불평등한 현실 속 능력이다. 우리는 불평등한 세상에서 살고 있다. 동일한 시험지는 만들었지만, 어떤 수험생은 미리 예상 문제를 풀어봤다는 말이다. 예상 문제를 받아보기 위해서는 돈이 필요하다.

그래야 내 딸들도 최소한 나만큼은 살 수 있으니까.
—드라마 〈스카이 캐슬〉에서

그 시절 부모들은 소를 팔아 아이를 대학에 보냈다. 아이들은 노력했고, 몇몇은 대학 입시로 이어지는 사다리를 타고 부모의 기대만큼 높이 올랐다. 자수성가한 이들과 그들을 바라보던 이들은 부모가 됐다. 모두가 불안하다. 능력주의의 눈으로 세계를 바라볼 때, 실패는 곧 노력 부족이다. 두렵다. 성공의 이유가 개인의 노력이므로 실패자는 비난받을 만하다. 동화는 단순하므로 교훈도 명확하다. 부모가 된 그들은 알고 있다. 인생에는 두 가지 선택지뿐이다. 실패한 아이를 바라보느니 아이를 몰아대는 편이 현명하다.

'7세 고시'라는 신조어가 퍼질 때쯤, '4세 고시' 열풍이 불어왔다. '4세 고시'는 4세 아이들이 영어 유치원에 입학하기 위해 치르는 레벨 테스트를 말한다. 저출산으로 아이들이 줄어들자 사교육은 더 어린 아이들을 시장에 참여시키고 있다. 정부가 발표한 〈2024년 유아 사교육비 시험 조사〉에 따르면, 6세 미만 취학 전 유아 17퍼센트가 '3시간 이상(반일제)' 학원에 참여하고, 참여 유아 기준 월평균 비용은 1백45만4천 원으로 집계됐다. 강남권의 사교육 비용과 참여율은 평균을 훨씬 웃돌 것으로 예상된다.•

두려움 때문이다. 마케팅 중 첫번째는 언제나 공포 마케팅이다. 공포 앞에서 이성은 무릎을 꿇는다. 경쟁에서 뒤처

• 「7세 고시 모자라 4세 고시까지…… 영어 유치원에 월평균 154만5천 원 쓴다」, 〈매일경제〉, 2025. 3. 13.

지면 인생 실패다. 낭만 세대에게 교육은 오로지 경쟁의 과정이며, 계층 상승의 도구였다. 그들의 세계관을 일반화한 결과다. '하면 된다'로 세상을 바라볼 때, 세상은 단순하다. 삶이란 모든 것을 걸고 밀어붙이는 과정이다. 아이는 나의 모든 것이다. 당연히 부모의 자원은 아이의 기회다.

부모의 경제력은 바로 아이의 교육 기회로 연결된다. 한국은행이 펴낸 보고서에 따르면, 부모 소득이 상위 20퍼센트에 드는 자녀들의 상위권 대학 진학률은 하위 20퍼센트보다 5.4배 높았다. 격차의 75퍼센트는 부모 경제력 효과의 결과로 추정됐다. 2018년 서울과 비서울 간 서울대 진학률 격차 중 92퍼센트는 부모 경제력과 사교육 환경 등을 포괄하는 '거주 지역 효과'에 기인한 것으로 나타났다.•

과도한 사교육비 부담과 사회적 불평등이 맞물린다. 낭만 세대에게 주어진 풍부한 교육의 기회는 한국의 산업화와 민주화의 동력이었다. 이제 교육은 한국적 능력주의의 프리즘이며, 동시에 불평등의 확대경이다. 교육이 능력주의의 도구인 사회에서, 실패를 회피하기 위한 사교육비 증

• 「한은 "서울-지방간 서울대 진학 격차 92%는 부모 경제력-거주지 효과"」, 〈동아일보〉, 2024. 8. 27.

가는 당연한 현상이 된다. 사교육비 경쟁은 출산율 저하로 연결된다. 한국적 능력주의의 새드엔드다.

능력주의는 두 가지 모습으로 나타난다. 성공한 자에게는 허영이고, 실패한 자에게는 좌절이다. 능력주의 사회에서 승리한 자는 자신의 노력을 보상받았을 뿐이므로 감사의 이유가 없다. 실패한 자는 스스로를 자책할 뿐이다. 감사 없는 삶은 사회적 연대를 거부한다. 이웃의 불행은 무능력에 대한 인과 법칙일 뿐이다. 사회 공동체의 연결점은 녹아내린다. 실패자는 어느 순간 좌절의 벼랑 끝에서 분노를 시작한다.

> 그러게 잘 하든지. 아니면 잘 태어나든지.
> ―영화 〈내부자들〉에서

〈시사저널〉이 '포스트데이터'에 의뢰해 2019년 9월 16일부터 17일까지 전국 성인 남녀 1천 명을 대상으로 실시한 여론 조사에 따르면, 국민 10명 중 9명은 우리나라가 부와 지위 등이 대물림되는 세습 사회라고 생각하는 것으로 나타났다. 세습 현상이 점점 심화하고 있다는 데에도 동의했다. '우리 사회의 세습 현상이 점점 심화되고 있다는 의견에 얼마나 동의하는가'라는 질문에 84.7퍼센트가 동의하는 것으로 조사됐다. 30대가 87.6퍼센트로 가장 높았다. 노력의 사다리는 대한민국에 존재하는가? 국민들은 그렇게 보지 않았다. '한국 사회는 개인이 열심히 노력해도 계층 이동을 하기 어렵다'는 의견에 82퍼센트가 동의했다.•

이것은 낭만 세대가 만들어낸 시대적 모순이다. '하면 된다'의 능력주의로 노력의 사다리를 눈앞에 두고 살아온 사람들. 그들의 성실한 노력이 만들어낸 세상은 노력의 사다리가 사라진 세상이다. '세습 사회'다. 모순이다. 낭만 세대는 능력 중심 사회에서 세습 사회를 만들어낸 마법 같은 시절을 지나왔다.

'하면 된다'의 능력주의 세계관에서 본다면, 실패자들을 배려하는 일이야말로 받아들일 수 없는 불공정이다. 세상은 노력을 넣으면 성공이 따라 나오는 자판기다. 모두가 자신의 성공만을 위해 달려간다. 실패는 죽음이다. 각자도생의 경쟁 사회는 당연한 일이다. 그러나 누군가는 분명 실패

• 「시사저널 여론 조사_국민 10명 중 9명 "한국은 세습 사회"」, 〈시사저널〉, 2019. 9. 24.

한다. 젊은이들은 아직 경쟁력이 없다. '부모 뽑기 경쟁'에서 실패한 청년들에게 선택지란 없다.

> 내가 한국에서 못 살겠다고 생각했던 이유는 한국에서 나는 경쟁력이 없는 인간이었기 때문이야. 꼭 멸종되어야 할 동물 같다고나 할까.
> ─영화 〈한국이 싫어서〉에서

 태어나는 장소와 시기는 선택 사항이 아니다. 대물림되는 가난 속에서 태어난 아이를 바라볼 때, 노력이라는 단어는 깃털처럼 가볍다. 60년대와 70년대에 태어난 사람들은 마침 경제가 바닥에서 천장으로 날아오르던 시기를 지나온 것뿐이다. 노력이 바로 성공으로 연결된다는 믿음이 가능했다. 성공 신화의 시대였다. 모든 신화는 신화의 언어로 해석된다. 신화가 만들어진 시대를 알아야 한다. 그 시대는 지나갔다. 노력이 무의미하다는 말이 아니다. 노력의 기회조차 주어지지 않는 경우가 너무 많다는 이야기다. 세상은 노력보다 복잡하다.

 '노-력'을 외치는 능력주의가 놓치고 있는 중요한 가치는 정의正義에 관한 것이다. 노력에 따른 배분을 보편적으로 적용할 경우, 정의에 반하는 경우가 많다. 예를 들어 시험 성적에 따라 자리를 배치하는 데에는 찬성할 수도 있다. 성적이 좋은 학생에게만 급식을 제공하겠다는 생각은 어떨까? 휠체어는 능력에 따라 배분되어야 하는가? 아니면 필요에 따라 배분되어야 하는가?

생존과 관련된 부분이나 사회적 약자에 대한 논의 등은 능력주의의 활동 범위가 아니다. 그리고 생존과 관련된 범위와 사회적 약자에 대한 정의는 사회에 따라 다르며, 시대와 함께 변한다. 그렇게 본다면 능력주의가 유용하게 사용되는 범위는 생각보다 좁고 모호하다. '하면 된다'는 그 시절의 표어였고, 그 상황에서 작동하던 인생 사용 설명서였다. 격렬한 성장의 시기는 지나갔다. 시간은 흐르고 다양한 길목마다 다른 이정표가 필요하다.

한국의 능력주의를 만들어온 낭만 세대는 어쩌면 그 능력주의의 가장 큰 피해자가 될지도 모른다. 능력주의 세상에서 젊은이들은 노인들에게 사회의 무임승차자라는 딱지를 붙일 것이다. 60년대생과 70년대생은 중년을 넘어가고 있다. 노년을 준비해야 한다. 노인의 몸 어딘가에는 문제가 발생한다. 노인은 그렇게 누구나 조금씩 장애를 갖게 된다. 장애와 노년에게는 능력에 따른 배분이 아니라 필요에 대한 공감이 절실하다. 다른 세상. 즉, 다른 이야기가 필요하다.

'하면 된다' 시대는 추억 속으로 사라져간다. 능력주의 서사로는 품을 수 없는 노년의 삶을 준비해야 한다. 반드시 새로운 이야기를 시작해야만 한다. 이야기를 시작하는 일은 타인의 이야기를 듣는 데에서 시작한다. 젊은 세대의 이야기를 들어보려 한다. '단군 이래 처음으로 아버지보다 못 살게 된 세대.' 지금의 젊음은 어떤 이야기를 입에 담고 있는가?

되면 한다―공정한 차별주의자

그까짓 좌절이 대수냐며 귀에 대고
끝까지 해보긴 했내 제대로
해봤지 모진 이들아 수없이 해봐도
안 되는 사람이 있기도 해 때론 때론
　　　　　　―이무진 노래 〈뱁새〉에서

'하면 된다'는 기성세대의 삶 속에 흐르는 이야기다. 예전 이야기다. 새로운 세대는 다른 이야기로 삶을 기획하고 있다. 현재의 이야기다. '되면 한다.' 미래의 불확실성은 증가하고 경쟁은 치열하다. 전망이 보이지 않는 상황에서는 쉽사리 도전할 수 없는 법이다. 낭만 세대는 능력주의 세상을 만들어놓았다. 실패는 개인의 능력 부족이다. 실패를 피해야 한다. 무모한 도전보다는 될 만한 조건을 기다리는 게 현명하다.

경제 성장률은 하락하고, 세계는 항로에도 없는 길로 항해한다. 예측은 무모하다. 한 번 실패하면 다시는 도전조차 불가능할지도 모른다. 꿈을 꾸는 일에도 비용이 필요하다. 청춘들은 어떻게 반응하는가? 60년대생과 70년대생들로서는 상상도 못해본 이야기다. '되면 한다.' 될 것 같지 않다면, 몸을 움직이지 않는다. 이래서 나타난 이들이 첫째, 일본에서는 '히키코모리'라고 부르는 '은둔형 외톨이'다. 타인과의 관계를 단절하고 사회적 삶을 포기한 상태를 말한다.

CNN은 한국보건사회연구원 조사를 인용해 한국의 고립·은둔 청년 규모를 24만여 명(19-34세, 2022년 기준)으로 추산했다. 전문가들은 사회가 학업이나 경제적 성과 등을 지나치게 중시하고 실패에 관대하지 않아, 젊은이들에게 '완벽주의적 공포'를 심어줬다고 지적한다. 성과 중심적 사회의 개인은 살아남기 위해 완벽을 추구해야 한다. 불안과 낙담은 자기비판으로 이어지고, 실패를 회피하기 위한 방법으로 사회적 단절을 선택한다.•

은둔형 외톨이는 '그냥 쉬었음'과도 연결된다. 한국경영자총협회가 통계청의 경제 활동 인구 조사 등을 분석해 발간한 보고서에 따르면, 가장 두드러지는 현상은 '그냥 쉬었음' 청년의 증가세다. 이들은 활동 상태를 묻는 질문에 '그냥 쉬었다'고 답한 청년들로, 구직이나 육아, 가사, 통학 등의 활동을 하지 않고 있는 이들을 말한다. 2025년 2월 '그냥 쉬었음' 청년 규모는 처음으로 50만 명을 넘어섰다.••

둘째 '프리터족'이 등장했다. 프리터란 일본에서 유래한 용어로 프리free와 아르바이터arbeiter의 합성어다. 아르바이트만으로 생계를 이어가는 '프리터족' 청년들이 갈수록 늘

• 「"실패 두려워"…… 스스로 골방에 갇힌 MZ」, 〈서울신문〉, 2024. 5. 27.
•• 「"그냥 쉼" 청년 50만 넘어…… 장기 실업도 증가세」, 〈경향신문〉, 2025. 4. 8.

고 있다. 2024년 설문에 의하면, 구직자·대학생·아르바이트생 9백49명 중 스스로를 프리터족이라고 밝힌 응답자는 60.6퍼센트(575명)에 달했다. 특히 2030세대가 차지하는 비중이 압도적이었다. 프리터족이라고 자처한 응답자 가운데 20-30대는 85.7퍼센트(493명)나 됐다. 프리터족의 생활 만족도는 비교적 긍정적인 편이었다. 만족한다는 응답은 36.5퍼센트(180명)로, 불만족(21.1%·104명)보다 높았다.• 낯선 이야기다. 돈이나 명예가 없어도 만족할 수 있다?

누군가는 한국형 '사토리 세대'의 출현을 이야기한다. 일본의 '사토리 세대'는 1990년대 초반 태어나 일본 경제의 '잃어버린 20년'을 겪었으며, 돈, 연애, 집, 차 등에 욕심을 부리지 않고 마음 편하게 살고자 하는 세대를 말한다. 한국의 사토리 세대는 스스로를 N포 세대라 부르던 자조를 멈추고, '안분지족安分知足'의 삶을 선택한 이들이다. 이들은 "양극화, 취업 전쟁, 주택난 등 노력으로 바꿀 수 없는 절망적 미래에 대한 헛된 욕망을 버리고 '지금 이 순간' 행복하게 사는 게 낫다"고 말한다.•• 욕망을 버리고 해탈한 듯 살

• 「"그냥 월 100만 원만 벌래요"…… 2030 '돌변'한 이유」, 〈한국경제〉, 2024. 10. 17.

아가는 새로운 삶이 등장한 것일까? 좀더 들여다보면 다른 이야기가 나온다.

그기 돈이 됩니까?

—드라마 〈재벌집 막내아들〉에서

많은 젊은이들이 즐기는 웹툰, 웹소설에서는 '회귀물回歸物'이 인기다. '회귀물'이란 주인공이 과거로 돌아가서 인생을 다시 시작하는 이야기다. 전체 웹소설의 70퍼센트 안팎이 회귀물이다. 모 웹소설 플랫폼에서는 상위 랭킹 절반이 회귀물이다. 10-30대가 주로 즐기는 웹툰·웹소설에서 회귀물이 쏟아지는 이유는 자명하다. '이생망(이번 생은 망했다)'이라는 유행어처럼, 현실에서 좌절하다보니 옛날로 돌아가 새로 시작하고 싶다는 바람이 담겼다.•••

과거로 돌아가 새로 인생을 시작하고 싶다는 욕망. 처음

•• 「'달관 세대'가 사는 법_덜 벌어도 덜 일하니까 행복하다는 그들······ 불황이 낳은 '達觀(달관) 세대'」, 〈조선일보〉, 2015. 2. 23.
••• 「"이생망? 게임처럼 다시 시작"······ MZ세대 마음 대변 웹소설-웹툰 인기」, 〈동아일보〉, 2022. 9. 14.

으로 돌아가 다시 인생을 시작할 수 있다면, 그들은 무엇을 하고 싶다는 것일까? 많은 경우 이야기는 돈으로 연결된다. 욕망의 해결책을 쉽게 찾으려는 것이다. 회귀물은 현실에서 보이지 않는 욕망의 통로를 이야기의 형식으로 뚫어낸다. 다시 태어난다면, '재벌집 막내아들' 정도가 좋지 않을까? 정신 분석학자들의 눈으로 본다면, 현실 부정의 심리가 욕망의 왜곡된 재현으로 드러난 현상이라고 말할 것이다. 안분지족과 현실에 대한 해탈이라기보다는 오히려 현실적 욕망을 극대화하는 이야기다.

회귀물을 즐기는 심리 속에는 '문제는 내가 아니다. 조건이 문제였다'라는 반항이 소리치고 있다. 세습 사회에서 가장 중요한 삶의 조건은 출생 신고서에 적혀 있다. 일생 단 한 번, 우연히 정해진 '부모 뽑기 경쟁'. 부모 뽑기 경쟁에서 실패한 아이들은 성공과 실패의 원인이 조건에 있다고 여긴다. "다시 시작할 수만 있다면 이런 식으로 흘러가진 않을 거야." 문제는 회귀물이 상상 속 이야기라는 사실이다. 현실에서는 다시 태어날 방법이 없다. 정말 그럴까?

코인 판에서는 아버지가 누구인지 묻지 않는다.

―모 인터넷 커뮤니티•

    출생 신고서에서 찾지 못한 '인생 한 방'을 다른 곳에서 찾아내려 한다. '코린이(코인 투자+어린이)'가 늘어나고 있다. 가상 화폐 시장은 가격 제한 폭이 없고 365일 24시간 돌아간다. 젊은 투자자들이 가상 화폐 시장을 주도하면서 하루 안에도 사고팔기를 반복하는 단타 투자가 성행한다. 온라인 카페에는 '가상 화폐로 20배 수익을 내는 단타 투자법' 등 자극적 제목의 글이 수백 건씩 올라와 있다.•• 부모의 이름 대신 자신의 능력으로 경쟁하던 낭만 세대가 세습 사회를 만들어냈다. 부모의 이름으로는 패배자일 수밖에 없는 지금의 젊은이들은 다른 방법을 찾는다. 방법은 새로운 '인생 한 방'이다.

    성실한 하루하루를 모아 조그마한 부를 축적해온 낭만 세대는 저들을 쉽게 비난한다. '인생 한 방'이란 있을 수 없

• 박원익, 조윤호, 「1부 2장 '돈도 실력인 사회'는 공정하지 않다」, 『공정하지 않다』, 지와인, 2019, 50쪽에서 재인용.
•• 「"월급 모아 집 언제 사요" 인생 역전 한 방 노리는 코린이들」, 〈조선일보〉 2021. 4. 22.

다고 말한다. 최선을 다해 노력해보라고 다그친다. 이것은 정당한가? 토마 피케티 교수의 베스트셀러 『21세기 자본』에는 'r 〉 g'라는 단순한 공식이 나온다. 자본 수익률(r)이 경제 성장률(g)을 앞지른다. 현대 자본주의 사회에서 자본을 굴려 만드는 돈이 노동으로 얻는 소득보다 많다는 의미다.

피케티 공식은 학계에서 다양한 비판을 받고 있다. 그러나 어려운 경제학을 공부하지 않아도 우리는 알고 있다. 최소한 대한민국의 현실에서 피케티 공식은 경제학적 명제가 아니라 경험이 증명해준 삶의 지혜다. 아파트 만드는 회사의 성실한 사원은 그 회사가 만든 서울의 아파트를 살 돈을 벌지 못한다. 근로 소득으로는 부자가 될 수 없다. 땀 흘려 노력한 그 시간에 차라리 돈을 빌려 아파트를 사놓았다면 부자가 되었을 것이다.

대학을 졸업하면 취업이 어렵지 않았다. 월급을 모아 주택 청약하면 아파트 한 채는 꿈꿀 수 있었다. 그 시절을 기억하는 세대는 '아프니까 청춘이다'라며 깨달은 자의 웃음으로 충고한다. 틀렸다. 젊은이들은 인터넷에서 다양한 밈을 만들며 비웃는다. '아프리카 청춘이다', 'F니까 청춘이다', '아프면 환자지 뭐가 청춘이냐'. 모든 인간은 자신의 경험이 만든 인식 속에 갇혀 있다.

시인 윤동주는 "나도 모를 아픔을 참다 처음으로 이곳에 찾아왔다. 그러나 나의 늙은 의사는 젊은이의 병을 모른다"라며 「병원」에서 젊음의 아픔을 노래한다. 기성세대의 눈으로 젊음의 좌절과 반항을 모두 이해할 수는 없다. 언제나 그렇다. 그들은 늙어간다. 늙은 의사는 젊음의 병을 모른다. 젊은 환자들은 언제나 그들만의 노래를 만들어야 했다. 어느 시대나 청년들은 자신들의 언어가 필요하다. 이번에 등장한 그들의 시대정신은 '공정公正'인 듯하다.

공정은 새로운 세대를 대표하는 핵심 가치다. 빅 데이터 분석 결과 2020년 SNS와 포털 사이트 등에서 '공정'이 언급된 횟수는 총 1백57만1천36건에 달한다. 2018년(86만4천4백42건)보다 80퍼센트 이상 급증한 수치로, 공정을 논하는 게시물이 하루 평균 4천3백여 건 올라온다는 의미다. 공정 언급량이 급증한 시기는 사회에서 불공정 이슈가 불거진 시점과 일치한다. 대표적인 사건 중 하나는 문재인 전 대통령의 조국 전 법무부 장관 임명이었다. '공정'은 임명 당일(9월 9일) 하루에만 2만9천3백79건 등장했다.•

빈부 격차의 현실은 쉽게 해결할 수 없다. 최소한의 공정한 룰만이라도 지켜달라는 요구다. 실력 이외에 다른 요소가 성공에 영향을 미치면 안 된다. 당연한 요청이다. 공정의 이념은 '기회는 평등할 것입니다'라는 정치 구호와 바로 연결된다. 청년층의 표에 배가 고픈 정치권은 바로 반응했다. 각 정당들은 청년 정치를 외치기 시작했고, '공정'은 청년 정치의 첫번째 구호가 되었다. 이쪽에서는 '소수에 집중된 자원과 기회를 공정하게 배분하겠다'고 외치고, 저쪽에서는 '우리가 알고 있던 공정이 돌아오고, 상식이 돌아오는 날로 만들겠다'고 주장한다.•• 공정이 풍년이다. 문제가 있다. 공정이란 무엇인가?

> 장그래가 '우리'라고 생각해요? 아니죠. 우리가 개랑 어떻게 공평한 기회를 나눠요? 울 엄마가 나 학원 보내고 과외 붙이느라 쓴 돈이 얼만데! 이건 역차별이라고요.
> ―드라마〈미생〉에서

• 「'개천용' 기회 박탈 절망······ "제발 '공정'만이라도 지켜달라"_'변화의 중심' MZ세대」,〈세계일보〉, 2021. 4. 25.
•• 「20대가 말한다, '능력주의'와 '공정'」,〈한겨레〉, 2021. 12. 11.

공정은 '같은 것은 같게', '다른 것은 다르게' 취급해야 한다고 주장한다. 스펙이 동일하다면 같은 대우, 스펙이 다르다면 다른 대우를 받는 것이 공정이다. 쉬워 보인다. 같은 자격이 있는 지원자를 부모의 이름으로 차별한다면 불공정이다. 고졸 장그래는 대졸 '우리'와 다르다. 누군가 묻는다. 장그래를 정규직으로 채용한다면, 불공정인가?

2020년 6월 인천국제공항공사(이하 '인국공')가 보안 검색 요원 등 '자회사 소속 비정규직 노동자' 1천9백여 명을 '자사 직고용 정규직'으로 전환하겠다고 발표했다. 문재인 정부의 '비정규직 제로' 정책에 따라 추진된 결정이었다. 인국공 정규직 노동조합과 인국공 취업을 준비하던 취준생들은 분노했다. 비정규직 노동자를 정규직으로 전환하는 것은 '공정'에 반한다는 주장이다.

인국공 정규직 노동조합은 이러한 내용을 담은 호소문을 청와대에 제출했다. 취업을 준비하던 청년들은 '비정규직이 운으로 정규직이 되는 것은 불공정'이며 '무임승차'가 아니냐며 반발했다. 역차별이라는 주장이 넘쳐났다. '공공기관 정규직 전환을 멈춰달라'는 청와대 국민 청원은 단 사흘만에 24만 명을 넘어섰다. 논쟁은 정치권으로도 번졌다. 일부 의원들은 공정을 주장하며, 일명 '로또 취업 방지법'을 발의했다.•

인국공 사태는 '공정'에 대한 근본적 질문을 던진다. 비정규직과 정규직 사이에는 어떤 방식의 공정이 놓여야 하는가? 애초에 정규직이 될 자격이란 무엇인가? 업무 능력이 정규직보다 뛰어난 비정규직 사원을 정규직으로 전환했다면, 이 경우에도 불공정한 것일까? 도대체 공정이란 무엇인가? 먼저 생각해보아야 할 문제가 있다. 공정은 우리 사회의 유일한 가치인가?

비정규직 전환과 같은 사회적 논쟁은 어려운 문제다. 질문은 답을 찾기 위해 하는 것이다. 어떤 경우엔 질문을 만드는 과정이 가장 어렵다. 형식적 공정성 프레임 하나로 세상의 답을 찾을 수는 없다. 인국공 사태의 핵심 질문은 공정 하나일까? 비정규직과 정규직 사이에 '평등'의 질문을 놓아볼 수는 없을까? 평등은 적극적 의미와 소극적 의미를 동시에 지닌다.

• 김정희원, 「2장 불공정한 '공정성 담론'을 해부하다」, 『공정 이후의 세계』, 창비, 2022, 38-39쪽.

영화 〈찰리와 초콜릿 공장〉에서 윌리 웡카는 초콜릿 다섯 개에 황금 티켓을 감춰놓고, 황금 티켓을 찾은 어린이 다섯 명에게 자신의 공장을 공개하고 제작 비밀을 보여주겠다고 선언한다. 신분이나 인종은 관계 없다. 부모가 누구인지도 묻지 않는다. 기회는 평등하다. 황금 티켓만 찾으면 된다. 황금 티켓은 공정하다.

황금 티켓은 공정해 보이지만, 실제로는 불평등하다. 누군가는 황금 티켓을 찾기 위해 초콜릿을 사재기한다. 애초에 황금 티켓은 불평등한 현실을 인정하고 출발한다. 황금 티켓의 공정함은 초콜릿을 살 수 있는 돈의 불평등을 숨긴다. 우리에게 공정만큼, 아니 형식적 공정보다 중요한 사회적 가치는 적극적 평등이다. 어느 사회나 돈 없는 자에게 초콜릿을 공짜로 나누어주어야만 하는 경우가 있다. 공짜 초콜릿을 적극적 평등이라고 부른다.

'기회는 동일해야 한다.' 공정의 표어 속에는 중요한 것이 빠져 있다. 같은 룰을 적용해도 누군가는 같은 출발선에 설 수 없다. 더 중요한 것이 있다. 가끔은 누군가를 위해 출발선을 다르게 그려야만 평등하다. 인간의 역사는 장애인과 비장애인 사이에, 빈민과 부자 사이에 조금씩 다른 출발선을 그리는 쪽으로 발전해왔다. 우리는 그것을 문명이라고 부른다.

장그래와 공평한 기회를 나눌 수 없다고 주장하는 사람들은 '공평'과 '역차별'을 이야기한다. 그들의 주장 속에는 대학 졸업이라는 기득권이 판단의 유일한 기준일지 모른다. 많은 경우 사람들은 자신의 '기득권 상실'을 '불공정'이라고 번역한다. 유토피아는 존재하지 않는다. 세상은 언제나 어느 정도 기울어진 운동장이다. '차별'과 '역차별'의 언어에는 자주 자신의 욕망이 반영되어 있다. 서 있는 자리에 따라 세상은 다르게 기울어지기 때문이다.

인국공 사태에서 분노하던 사람들은 정규직과 비정규직을 다르게 대해야 공정하다고 생각한다. 능력에 따른 보상이라고 믿는다. 형식적 공정은 능력주의에 가깝다. 능력주의에 의하면, 누구나 노력하면 성공한다. 계층 이동의 사다리가 주어지기만 한다면 평등한 세상이다. 사다리 앞에 다가서기 위해 건너야 하는 불평등의 강에는 눈을 감는다. 경쟁에 대한 보상으로 주어진 차등은 정의롭다고 말한다. 드라마 〈미생〉 속에서 회사는 정규직과 비정규직의 명절 선물에 차등을 둔다. 노력해서 정규직을 쟁취한 자들에게 더 좋은 선물을 주는 것은 공정하다.* 능력주의가 낳은 공정의 논리에 의하면, 장그래는 영원히 '우리'가 아니다.

다시 한번 생각해본다. 공정이란 무엇인가? 공정성fairness은 객관적이거나 절대적인 기준으로 측정할 수 없다. 특정한 사회적 맥락 속에서 사람들이 관계 맺고 있는 상황을 반영할 뿐이다. 비백인과 백인, 여성과 남성 등등 그들의 사회적 관계는 쉬지 않고 변해왔다. 그때의 공정을 지금 말하는 자는 없다. 공정을 측정하려면 항상 어떤 가치와 다른 가치를 저울에 올려야 한다. 저울은 항상 변한다. 역사는 꾸역꾸역 앞으로 나아가기 때문이다. 능력주의 언어로만 공정을 번역한다면, 타인은 지옥일 뿐이다.

공정을 외치는 청년들. 그들은 자신들이 말하는 공정의 가장 큰 피해자가 될지도 모른다. 젊음은 미숙하다. 청년에게는 실수할 자유가 필요하다. 실수를 형식적 공정의 눈으로만 보면 능력 부족일 뿐이다. 성과에 따른 보상만 공정하다. 초고령화 사회에서 젊은 취업 준비생들은 더 많은 경력자들과 경쟁하게 된다. 나이 많은 경력자들은 또다른 공정

---

* 김지혜, 「2부 차별은 어떻게 지워지는가」, 『선량한 차별주의자』, 창비, 2024, 103-105쪽.

을 주장할 것이다. 청년을 위한 각종 청년 취업 할당제, 청년 취업 지원금 등은 비정규직을 정규직으로 전환하는 것만큼 불공정하다. 누군가를 향한 역차별이다. 청년들이 주장하듯, 비정규직이 자격 없음의 낙인이라면, 젊음의 실수도 무능력일 뿐이다. 젊음이라는 이유로 다시 기회를 줄 이유는 없다.

한국 사회의 성장과 함께 달려온 세대와 성장이 정체된 현재를 건너고 있는 청년 세대는 다르다. 다름은 자주 현실에서 갈등의 원인이 된다. 세대의 서사들이 서로 충돌하고, 공격하기도 한다. 좌절과 분노의 원인이 된다. 모두는 모두에게 분노할 준비를 끝낸 듯하다. 공동체는 위기를 극복할 수 있지만, 위기의 공동체는 극복해야 할 대상이다. 우하향하는 그래프보다 두려운 것은 공동체의 붕괴다. 이대로 이야기를 끝낼 수 없는 이유다. 현재를 '함께' 살아야 하는 운명이다. '함께'라는 서사는 공동체의 생명선이다. 공동체는 공감의 얼굴로 서로를 바라보는 사람들이다. 새롭게 '세대'라는 이야기를 시작하려는 이유다.

공감의 공동체

미국 MIT대학교 경제학 교수 레스터 서로는 1996년 〈뉴욕 타임스〉 칼럼에서 '어떤 혁명적 계급의 탄생birth of a revolutionary class'을 선포한다. 민주주의는 다수결로 움직인다. 곧 노인들이 다수를 차지하면 국가는 노인을 위한 나라가 될 것이다. 그전에 조치가 필요하다. 이렇게 요약된다. '가까운 미래에 계급 전쟁은 빈자와 부자의 대결이 아니라 젊은이와 노인의 싸움으로 다시금 정의될 것이다.'•

사회적 갈등에는 언제나 부자와 가난한 자의 대결이 있었다. 갈등의 원인이 바뀐다면 갈등을 바라보는 시선도 변해야 한다. 노인과 청년이 일자리를 놓고 싸운다. 노인은 청년의 부담이다. 국민 연금 제도는 노인을 위해 청년의 희생을 강요한다. 국가인권위원회 조사 결과 2030세대 81.9퍼센트는 세대 갈등이 심각하다고 답했다. 주요 원인은 일자리와 복지 갈등이다.••

• 전상진, 「4장 세대 전쟁」, 『세대 게임 '세대 프레임'을 넘어서』, 문학과지성사, 2018, 93쪽.
•• 「"노인 혐오 이유 있다" vs "그래도 공경해야"…… 깊어가는 '혐로嫌

현재와 같은 인구 구조는 민주주의를 왜곡한다. 인구가 많은 노인 세대가 지지하는 후보가 대표로 선출된다. 세대별 정치 양극화는 이와 같은 주장에 힘을 실어주고 있다. 2025년 6월 3일 치러진 21대 대통령 선거 결과에 따르면, 지지 후보는 세대에 따라 다르다. 특히 2030세대 남성과 4050세대는 전혀 다른 정치 성향을 드러낸다. 미래의 부담은 청년에게 있고, 투표로 미래를 결정할 힘은 기성세대에게 있다. 어쩌면 분노는 당연하다.

일본 영화 〈플랜 75〉에서는 국가가 노인에게 죽음을 권유한다. 75세 이상 노인이 죽기로 결심하면 국가는 지원금을 지급하고, 안락사를 시켜준다. 영화 속 청년은 세금만 축내고 사회의 부담만 되는 노인은 없어져야 한다고 소리친다. 〈오징어 게임〉을 연출한 황동혁 감독의 차기작 제목은 '노인 죽이기 클럽'이다. 현실에서는 고령화와 세대 갈등이 노인 혐오로 이어진다. 상상 속에서는 노인 혐오가 노인 죽이기로 연결되고 있다. 혐오는 언제나 공동체 붕괴의 원인이었다.

老'」,〈세계일보〉, 2018. 9. 18.

'상속 계급 사회inheritocracy'가 등장했다. '상속 계급 사회'는 영국 역사학자 엘리자 필비의 2024년 책 제목이기도 하다. 2025년 2월 영국 시사 주간지 〈이코노미스트〉에 의하면, 경제 규모 대비 상속 비중이 증가하면서 자산 불평등이 심해졌다. 젊은 세대는 전문직 자격증을 가져도 부모가 도와주지 않으면 집을 사고 안정적인 자산을 보유하기 어렵다. 〈이코노미스트〉는 이런 현상을 '상속 계급 사회'라고 명명했다.• '하면 된다' 세대와 '되면 한다' 세대는 상속 계급 사회에서 만난다.

세대 내 불평등은 다음 세대로 넘어가며 확대된다. 이번 세대의 세대 내 갈등은 다음 세대의 세대 내 갈등으로 연결된다. 상속이 계급을 창조한다. 하나의 갈등은 그 다음으로 나아간다. 불평등으로 고통받는 이들은 불평등의 원인을 제공한 부모 세대를 비난한다. 그렇게 불평등은 세대를 거치며 확대되고, 불평등의 확대는 세대 사이 갈등의 원인이 된다. 세대 내 불평등과 세대 사이의 갈등은 떨어져 있지 않다.

• 「30억 상속 30대도 "상속 계급 사회"…… 계급통 앓는 청년들」, 〈한겨레21〉, 2025. 4. 14.

엘리자 필비는 저서 『상속 계급 사회』에서 "시장 경제는 제대로 작동하지 않고 국가의 역할은 위축되는데, 다정한 엄마와 아빠는 과거 어느 때보다 적극적으로 자녀를 돕고 있다"며 이들 부모를 '좋은 부모, 나쁜 시민'이라고 명명했다.* 예전과 달리 상속을 받게 될 아이들은 한두 명뿐이다. 부모 세대보다 가난한 아이들이 부를 축적할 기회는 노동이 아니라 상속에 있다.

자식 세대가 부모 세대보다 가난하다. '세대 간 자산 역전'이라고 부른다. 가난한 자식 세대가 부를 획득할 수 있는 방안은 상속이다. 부모 세대의 빈부 격차는 자식 세대로 넘어가며 확대된다. 사회 갈등의 토양이 된다. 보이는 자산만 상속되는 것이 아니다. 좋은 부모의 사회적 평판과 인적 네트워크는 재산과 함께 다음 세대로 이전된다. 좋은 부모는 아이의 스펙을 관리하고, 인턴 자리를 품앗이해준다. 한국 사회에서는 이 문제가 익숙하다. 능력 없는 부모와 그 아이들에게 상처를 남긴다. 사회적 분노의 이유다. 사회 갈등의 원인이다.

• 「사랑의 대물림이 만든 불평등」, 〈한겨레21〉, 2025. 4. 24.

좋은 부모를 만나지 못한 젊은이들은 부모 세대에 대한 원한 감정 ressentiment*을 품는다. 분노한 청년은 자신들을 피해자로 부모 세대를 가해자로 바라본다. 극단적 정치 성향을 키운다. 부모 세대의 위선을 비난한다. 부모 세대의 서사를 거부한다. 레스터 서로의 1996년 〈뉴욕 타임스〉 예언은 성취된 듯하다.

문제가 있다. 좋은 부모가 되려는 마음은 비난의 대상이 아니다. 그 마음이 왜 나쁜 시민으로 연결되는가? '하면 된다' 세대는 노력하면 된다고 배웠다. 되고 싶은 것의 목록 중에는 좋은 부모가 있었다. 중요한 사실이 있다. 좋은 부모가 되기 위해서는 먼저 좋은 어른이 되어야 한다. 좋은 어른이란 타인과 공존하고 사회에 대한 책임을 고민하는 시민이다. 대중이 아니라, 시민이 필요한 시대다.

---

* 니체의 책 『도덕의 계보』에 따르면, 르쌍티망 ressentiment은 약자들이 강자에게 품는 깊은 원한과 질투의 감정이다. 이는 직접적으로 보복할 수 없는 무력감 속에서, 억눌린 감정이 왜곡된 방식으로 표출되는 심리적 에너지다. 니체는 르쌍티망이 쌓여 도덕으로 전화轉化하는 과정을 설명한다. 약자들은 자신이 이길 수 없는 강자를 '나쁜 존재'로 낙인찍음으로써, 자신의 존재를 도덕적으로 정당화한다. 이렇게 형성된 것이 '노예 도덕'이다. 노예 도덕은 강하고 자율적인 주인을 '악惡'이라 부르고, 자신처럼 약하고 복종하는 자를 '선善'이라 부른다.

낭만 세대는 대중 민주주의와 대중 소비 사회를 맞이한 첫 세대다. 대중은 시민과 다르다. 대중은 '책임 의식 없이 평균적 상태에 안주하는 사람들의 집합체다'(오르테가 이 가세트). 대중은 비판 없이 집단적 사고에 머무른다. 대중의 목표는 남들처럼 사는 것이다. 시민은 공동체 전체의 이익을 고민하는 성숙한 사회의 구성원이다. 좋은 부모의 꿈은 좋은 아이다. 좋은 아이는 나쁜 세상에서 살 수 없다. 나쁜 세상은 좋은 아이를 거부한다.

좋은 부모는 먼저 좋은 시민이어야 한다. 좋은 시민은 좋은 세상을 고민한다. 상속 계급 사회는 나쁜 사회다. 갈등과 혐오가 자라난다. 젊은 세대가 위선이라며 비난할 때, 돌아보아야 한다. 공동체의 시간이 위험해지고 있기 때문이다. 해답을 찾기 위해서는 정확히 보아야 한다. 먼저 시대의 변화를 인정해야 한다. 서로의 가치는 다르다. 세대는 각자의 시간을 살아간다. 각자가 경험하는 시간의 차이는 갈등의 원인이 된다.

모든 사람들이 동일한 현재에 존재하는 것은 아니다.
그들은 오늘 보일 수 있다는 사실을 통하여 외형적으로

만 동일한 현재에 존재할 뿐이다.

―에른스트 블로흐

우리가 함께 회식 자리에 앉았을 때, 우리는 같은 시간에 머무르고 있지 않다. 회식 자리에서 술을 돌려야 할지, 고기는 누가 구워야 할지 등등, 살아온 시대에 따라 현재의 맥락을 다르게 받아들인다. 모두 자신의 시간 속에서 상대방을 바라본다. 단합을 위해 술을 돌려야 한다는 선배. 애초에 회식이 왜 필요하냐고 묻는 후배. 둘의 시간은 다르다. 시간은 역사적 경험의 연속이다. 함께 존재할 수 없는 역사적 시간이 같은 시대에 나타난다.

독일 철학자 에른스트 블로흐는 다른 시대에 존재하는 사회적 요소들이 같은 시대에 공존하는 현상을 '비동시성의 동시성 simultaneity of the non-simultaneous'이라는 형용 모순으로 설명한다. 우리는 몇십 년 만에 서양 문명 몇백 년을 압축해서 살아왔다. 우리의 몇 년은 저들의 몇십 년이다. 60대와 20대는 우연히 현재에 머무르는 전혀 다른 시간의 단층이다. 경험의 단층들이 충돌한다. 다름은 당연하다.

'사실이란 존재하지 않는다. 다만 해석이 있을 뿐이

다'(프리드리히 니체). 폴 리쾨르에 따르면, '해석은 기억된 이야기 속에서 이뤄진다'. 지난 시절은 기억으로 쌓인다. 쌓인 기억의 눈으로, 눈앞의 현상을 해석한다. 다른 시대에서 다른 기억을 만들어온 사람들은 같은 곳을 보아도 다른 사실을 받아들인다. 다른 해석이 다른 사실을 만든다. 어쩌면 당연한 일이다. 다름을 자연스럽게 받아들인다면, 다름은 갈등의 원인이 되지 않을 수 있다.

그들은 시민의 성숙한 사회를 경험하지 못했다. 기억에 없다. 좋은 부모가 되려 했을 뿐이다. 젊은 세대의 재앙이 될 수도 있다는 말은 끔찍하다. 위선이라는 비난은 가혹하다. 대안은 있을까? 세대 갈등의 상황을 벗어날 묘안은 찾기 힘들다. 처음으로 돌아가 다시 생각해본다. 힘들지만, 포기할 수는 없기 때문이다. 모든 의미는 관계의 결과물임을 떠올려본다. 관계는 이성적 토론에서 시작되지 않는다. 갈등은 많은 경우 감정의 결과물이다. 감정은 공감에서 온도를 찾는다. 공감을 표현하는 것은 대안 찾기만큼 중요하고, 더 급하다.

어르신이라고 부르지 말아요. 나 어른 아냐. 그깟 나이가 뭐 대수라고. 전요. 요즘 애들한테 해줄 말이 없어요. 미안해서요. 열심히 살면 된다고 가르쳤는데 이 세상이 안 그래.

─드라마 〈나빌레라〉에서

위선이라는 비난을 거두게 할 수 있는 것은 공감의 위로다. "요즘 젊은 애들은……"이라는 비난은 스스로를 고립시킨다. 어두운 하강의 시대다. 새드엔드를 벗어나기 위해서는 관계 속에서 의미를 찾아야 한다. '장강의 뒷물결이 앞 물결을 밀어낸다長江後浪推前浪.' 뒷물결은 언제나 앞 물결을 밀어낸다.

언제나 앞 세대는 물러가고 새로운 세대는 앞 세대를 대신한다. 다만 뒷물결은 함부로 앞 물결을 밀치지 않는다. 앞 물결은 물결의 흐름을 거부하지 않는다. 밀치지 않고 거부하지 않는 이유는 섞여 하나가 되기 때문이다. 물과 물은 섞인다. 무엇도 무엇을 물리치지 않는다. 함께 나아간다. 세월의 지형에 맞추며 흐름을 바꾸고 모양을 다시 만든다. 공감이 시작된다.

우리는 최선을 다해 타자를 상상해야 합니다.

—토니 모리슨

인간에게 '공감'이란 윤리적 목표치가 아니다. 생존의 조건이다. 인간은 사회를 떠나 살 수 없기 때문이다. 공감은 나와 타인이 같다는 대담한 '상상'에서 시작된다. 공감은 동일시同一視에 근거를 두기 때문이다. 힘든 일이다. 나와 너 사이에 놓인 물리적·역사적·시대적 거리를 무시한다. 이것은 오직 상상의 힘이다. 상상에는 용기가 필요하다. 상상은 현실을 뛰어넘는 '믿음의 도약'이기 때문이다. 인간은 없는 것을 상상할 수 있다. 상상은 어떻게 가능한가?

이야기는 상상의 재료다. 상상은 다시 이야기가 되어 번져 나간다. 타인의 이야기를 상상한다. 상상은 글로 응고된다. 글로 써내려간 서사적 공감은 세상을 바꿔왔다. 1852년 발표된 미국 소설 『톰 아저씨의 오두막집』을 읽는 동안 백인 독자는 아프리카계 미국인 톰의 고난에 몰입한다. 이야기를 듣는 순간 우리는 이야기 속으로 들어간다. 이야기를 통해 피부색이 다른 주인공에게 공감한다. 공감의 체험이

다. 공동체의 구성원들은 모두 다르다. 무엇이 공동체를 만드는가? '상상된 공감'의 힘이다.•

'상상된 공감'은 '사회적 초월'을 시작한다. 듣고 읽은 이들의 마음이 퍼져 나가면 단단한 현실이 순간 녹아내린다. 그렇게 인간은 타인과 공감하며 살아왔다. 기적은 가능하다. 모든 민족과 국가는 자신만의 이야기로 전승되고, 사람들은 그것을 지키기 위해 전장으로 뛰어든다. 이야기를 통해 세계를 인식한다. 인간은 이야기하는 동물이다.(알래스데어 매킨타이어)•• 인간을 움직이는 것은 이야기다. 공동체는 서사가 만든 상상의 공동체다.

지금까지 낭만 세대의 지나간 세월을 돌아보았다. 청년 세대와 충돌하는 갈등도 확인했다. 60년대와 70년대에 태어나 이제 50대와 60대에 다다르고 있는 사람들. 그들을 '낭만'이라는 정체성으로 묶어보았다. 이제 낭만을 공감의 상상으로 연결해보려 한다. 다른 세대와의 차이만 이야기

• 린 헌트, 전진성 옮김, 『인권의 발명』, 교유서가, 2024, 39쪽, 49쪽, 76-78쪽.
•• 자미라 엘 우아실, 프리데만 카릭, 김현정 옮김, 「3장 거부」, 『세상은 이야기로 만들어졌다』, 원더박스, 2023, 93쪽, 99쪽, 124쪽.

하는 일은 갈등의 합리화일 뿐이다. 낭만 세대를 말하는 일은 공동체의 공감을 응원하는 방법이 되어야 할 것이다. '낭만 세대'라는 낯선 '이야기'를 다시 시작해본다.

낭만 세대라는 이야기

> 하나의 세계가 형성되는 과정이 한마디로 얼마나 기막히다는 것을 나는 잘 알고 있다.
> ―김승옥, 「생명연습」에서

이것은 기억들이 단단히 들러붙어 있는 경험의 단층이다. 어느 세대의 정체성 이야기다. 1960년대 이 땅에서는 기막힌 세계가 갑자기 열렸다. 여러 갈래의 길들이 순식간에 시간의 문으로 들이닥쳤다. 농업 국가 한국은 산업화를 맞이한다. 식민과 전쟁으로 유예되었던 시대정신도 함께 몰려들었다. 자본주의와 민주주의를 건네받았다. 이것들은 오랫동안 쌓인 서양 사고의 결과물이다. 우리에게는 시간이 없었다. 하나의 세계가 기막히게 달려들었다.

근대인近代人의 시대. 오랜 유교 공동체의 나라는 순식간에 중세의 사고를 버린다. 그전까지는 같은 땅에서, 조상이 살던 방식대로 살아왔다. 자식들의 제사상을 받는 것이 삶의 목적이었다. 근대인은 정해진 목적에서 자유롭다. 불안하다. 삶에 대해 스스로 물어야만 한다. '인생은 살 만한 가치가 있는가?'(알베르 카뮈) 질문을 시작할 아이들이 태어났다. 새로운 것을 말하고, 꿈꾸었다. 그들은 스스로 자신의 문장을 만들어야만 했다.

동사動詞의 시대. 그들이 살아온 한국 사회는 성장하고, 건설하고, 발전하고, 부흥하고, 올라가고, 따라잡고, 이룩하고, 그렇게 모든 것을 이겨냈다. 문장들은 명령어로 소리쳤고, 아이들은 웅변 대회를 준비하기도 했다. 산업화, 민주화, 개인화, 지구화, 세계화, 디지털화……. 방향은 그때그때 변했고, 속도는 측정하기 힘들었다. 수많은 '—화化'는 사람들을 들볶아댔고, 하나에 적응하면 바로 다음 것으로 옮겨가야 했다. 그들은 한 번도 편안한 명사에 머무르지 못했다.

목적어 없는 동사. 낭만 세대는 언제나 지나가는 것의 마지막과 다가오는 것의 처음에서 살아왔다. 처음으로 고도 성장기에 올라탔다. 처음으로 하강을 맞이한다. 자식보다 가난한 부모 세대와 부모보다 가난한 자식 세대 사이에 서 있다. 아날로그를 그리워하며, 디지털을 사용한다. 목적지 없이 달려온 이야기는 돌아보면 기막히다. 목적어를 알고 싶다. 문득 궁금하다. "나는 누구인가?" 인생은 뒤돌아볼 때에야 비로소 그 의미를 알 수 있다.

> 물속에서 나온 사람은 물속에서 허우적거렸기 때문에, 그 허우적거림에 대해 쓸 수 있다. ……과거형으로 쓰인 문장이 안정적인 이유이다.
>
> ─이승우, 『소설가의 귓속말』에서

나이들어가면, 과거형 문장이 편하다. 단단한 명사는 뒤돌아볼 때 찾게 된다. 과거형으로 말하는 동안 문장들은 단단하다. 고독의 시간이다. 고독은 단단하다. 한나 아렌트에 따르면, 고독이란 '자기 자신과 마주앉아 대화하는 실존적 상태'다. 반면에 외로움은 '자아와 타자 그리고 세계로부터 소외된 상태'다. 고독은 모든 사유가 시작되는 기본 조건이다. 현대인은 고독하지 못해 외롭다. 소외된 자아는 불면

眠의 이유다. 이제 그들은 충분히 고독할 수 있는 나이다.

나이 먹어가는 일은 기형도의 시「병病」의 한 구절처럼, '내 얼굴이 한 폭 낯선 풍경화로 보이기 시작'하는 일이다. 너무 가까운 것은 볼 수 없다. 내 얼굴이 먼 풍경일 때, 그 거리감에 기대어 나는 비로소 나를 응시한다. 내가 타인처럼 보일 때, 나는 내 안의 타인에게 이야기를 준비한다. 중년이란, 거울 속 낯선 나에게 이야기를 시작할 수 있는 시간이다. 세대는 경험과 시간의 공동체다. 기막힌 세월을 경험하고 중년의 시간을 지나는 세대. 낭만 세대는 이제 단단한 명사로 삶을 이야기할 수 있는 나이다.

나이가 쌓이면 삶과 죽음의 경계가 궁금하다. 죽음의 비현실이 현실이 되기도 하고, 삶의 현실이 가끔은 비현실적이다. 돌아보면 기억과 꿈이 뒤섞인다. 추억은 존재하기도 하고 구성되기도 한다. 현실과 비현실이 모호하다. 돌아보면 어떤 순간은 현실적이지 않았고, 어떤 추억은 비현실로 보인다. 경험과 시간이 섞여 현재를 뿌옇게 덮는다. 세대는 경험과 시간이 만든 정체성의 이야기다. 낭만 세대의 정체성을 이야기할 수 있는 시간이다.

인생을 살다보면…… 모든 일들이 일어날 당시에는 우연인 것 같다. 그러다가 나이가 60, 70대가 되어 돌아보면, 당신의 인생이 마치 아주 잘 짜여진 일관된 테마의 소설처럼 느껴진다……. 우연처럼 보이던 사건들, 순수한 기회와 같은 것들이 이 소설을 구성하는 주된 요소임이 드러난다. 쇼펜하우어는 말한다. "누가 이 소설을 썼나? 바로 당신이."

—조지프 캠벨

'낭만' 세대는 처음으로 생존에서 벗어나 낭만을 품은 젊음이다. 새로운 음악과 영상을 즐겼다. 세기말 폭발하던 감수성을 젊음의 이름으로 흡수했다. 낭만이란 그저 즐겁던 시간의 다른 이름인가? 그들이 기억하는 낭만이란 단지 그 시절의 풍경화였을까? 다시 읽어본다. 재독再讀은 언제나 다른 의미를 들려준다. 모든 인생은 한 편의 소설이다. 낭만 세대가 써온 인생. 그들의 낭만 소설을 다시 읽어보려 한다. 그런데, 낭만은 무엇인가?

사전을 찾아보면, '낭만'은 '현실에 메이지 않고' 감상적이고 이상적으로 사람, 사물을 대하는 태도로 정의된다. 낭만의 첫 징표는 현실에서 벗어난 것, 다시 말해 '비현실'이다. 그렇게 낭만은 현실에서 벗어난 비현실을 가리킨다. 비현실은 현실에서 벗어나 무엇을 추구하는가? 우리는 단지 비현실적이라는 이유만으로 낭만을 꿈꾸는가?

낭만은 단순한 비현실적 이야기가 아니다. 드라마 속 '낭만 닥터 김사부'는 질문을 받는다. "그런 대단한 실력을 가지고 있으면서 왜 이런 이름 없는 시골 병원입니까?" 낭만은 대답한다. "뭐 의사한테 환자 말고 다른 뭐가 더 필요한가?" 낭만 닥터의 대답은 역시 비현실적이다. 직업인의 현실을 무시한 이야기다. 이상하다. 우리는 낭만 닥터의 비현실적 대답 속에서 의사라는 직업의 진짜 본질이 궁금해진다.

낭만의 비현실은 본질에 대한 질문으로 연결된다. 사랑을 위해 모든 조건을 포기하고 연인과 함께 길을 떠났다는 어느 나라의 공주 이야기를 들었을 때, 우리는 그 비현실적 이야기에서 낭만을 떠올린다. 묻는다. 혹시 사랑이란 본래 그런 것이 아니었을까? 낭만은 그 뜻을 알고 있다고 생각하던 명사의 본질을 다시 묻게 한다. 공주의 비현실적 낭만으로 인해 사랑의 본질은 의문문이 된다.

낭만은 답을 찾지 않는다. 질문한다. 낭만의 비현실은 반현실反現實이 아니다. 현실을 반대하는 것이 아니라, 현실에 부재하는 본질을 그리워한다. 삶의 이면이 궁금하다. '이렇게 사는 게 맞아?' 묻는다. 그저 묻는다. 우리는 삶의 비밀을 모른다. 가끔 스스로에게 질문할 뿐이다. 본질에 대한 질문은 낭만적 질문이다. 낭만은 의문문이다.

낭만 세대의 많은 이들은 프로 야구 원년 멤버 '삼미 슈퍼스타즈'를 알고 있다. 1982년 프로 야구 원년 꼴찌, 승률 0.188. 스타가 없는 슈퍼스타즈. 전혀 프로답지 않던 실력의 프로 야구팀. 소설 『삼미 슈퍼스타즈의 마지막 팬클럽』과 영화 〈슈퍼스타 감사용〉은 삼미 슈퍼스타즈의 야구를 낭만으로 추억한다. 프로 야구의 본질은 프로의 화려함과 승리의 횟수인가? 우리는 그것을 확인하기 위해 야구를 즐기는가? 삼미 슈퍼스타즈의 낭만은 야구의 본질을 묻는다.

낭만 세대가 삶을 질문할 때, 그들은 낭만적이다. '이렇게 사는 것이 맞나?' 불쑥 피어나는 질문은 비현실적이고 낭만적이다. 지금의 삶이 진짜가 아닌 듯 보일 때, 지난 시절 음악이 유행한다. 그 시절, 나의 삶도 꽃이었을까? 삶이 피어나던 순간이 그립다. 작가 김훈은 산문집 『허송세월』에서 이렇게 쓴다. "꽃들은 남에게 보이기 위해 피는 것이 아니라 저 자신의 운명을 펼쳐 보이려고 핀다." 그 시절 펼쳐 보이던 그들의 운명은 삶의 본질을 알고 있었을까?

> 유채꽃이 혼자 피나 꼭 떼로 피지!
> ―드라마 〈폭싹 속았수다〉에서

깍두기가 있었다. 왕따는 없었다. 고무줄놀이, 다방구, 제기차기 등으로 깔깔대며 하루가 짧던 시절. 몸이 불편한 친구, 형의 손을 잡고 나온 어린 동생, 규칙을 잘 모르는 아이는 깍두기였다. 양쪽 편 어디에도 끼기 힘든 아이와 함께 노는 방법이었다. 누군가의 가르침으로 배운 것이 아니다. 그저 그렇게 다 함께 노는 것이 재미있었다. 능력에 따른 기회와 형식적 효율과 공정성의 논리로는 이해하기 힘든 이야기다.

낭만 세대가 꽃으로 피어나던 시절, 그때 그 아이들은 무엇이 공평한 규칙인지 묻지 않았다. 재미에 몰입했다. 아이들은 무엇이 더 재미있는지 알고 있었다. 재미있는 것은 언제나 단순하다. 함께 노는 것이 놀이다. 놀이의 순간. 시간은 즐거움으로 가득했다. 시간은 정지해 있었다. 유채꽃에게 누구도 가르치지 않았다. 떼로 피는 방법은 배운 것이 아니다. 살아 있는 것은 언제나 단순하다. 함께 피어나는 것이 살아 있는 것이다.

그 시절 떼로 자라나던 아이들. 아이들은 무엇이 즐거움인지 고민하지 않았다. 함께 공터를 뛰었고, 함께 골목을 달렸다. 행복이 무엇인지 고민할 시간이 없었으므로 행복했다. 삶은 충만했다. 낭만이다. 아이들은 삶의 본질을 알고 있었을까? 아이들은 자라났다. 경제 위기를 극복하기 위해 뛰었고, 민주주의의 거리를 달렸다. 2002년 '대一한민국'을 외쳤다. 모든 자리에는 '함께'라는 단어가 따라 나왔다. 공감은 본능이었다.

그때 그 아이들은 중년이 되었다. 그때 그 아이는 어디로 갔을까? 그 아이들의 세상은 이제 없다. 그 시절 깍두기였을 아이들은 이제 왕따가 되었다. 꺾여야 하는 것들은 꺾여 나가고 좀더 예쁜 것들이 자리를 잡아야 한다고 배운다. 사회는 효율성으로 뛰어다니고, '하면 된다'의 서사와 '되면 한다'의 좌절이 세상을 달린다. 효율과 공정으로 무장한 세월이다. 현실적이다. 낭만의 반대말이다. 현실적이 되어버린 현실을 살아갈 때, 비현실에 대한 그리움은 더욱 오래 낭만으로 남는다.

나이들어가면, 눈으로는 볼 수 없는 것들을 보게 된다. 삶의 역설을 조금씩 깨닫는다. 시인 신경림은 「별」에서 "나이들어 눈 어두우니 별이 보인다/반짝반짝 서울 하늘에 별이 보인다"라고 노래한다. 나이들어 눈은 어두워졌지만, 오히려 전에는 볼 수 없던 별을 볼 수 있게 되었다. 탁한 서울 하늘에 별은 없지만, 나이들어 눈 어두워지니 없는 별을 볼 수 있다. 새드엔드 시대를 건너는 길은, 어두워서 보이지 않는 길을 공감의 상상으로 찾아가는 길이다. 상상은 보이지 않는 것을 보는 능력이다.

나이들어 환해진 눈으로, 삶의 본질을 비현실적으로 들여다본다. 이제야 그 시절 삶의 배경이 보인다. 통기타 앞에서는 노래를 함께 불렀다. 비디오 앞에는 함께 앉아 있었다. '혼밥', '혼술'과 같은 단어가 생기기 전, '함께'는 모든 문장에 필요한 단어였다. 도시락은 친구와 함께 먹었고, TV는 가족과 함께 보는 것이었다. '함께'라는 공감의 언어는 본능처럼 삶과 함께 있었다. 공감은 상상하지 않아도 풍족했다. 공감의 언어는 삶의 불안을 물리칠 무기였다.

그때의 부모 나이가 되어보니, 보이지 않던 것이 보인다. 그들의 찬란하던 낭만은 배경 없는 그림이 아니었다. 누군가가 분명 나무를 심었다. 정작 자신은 그 나무 그늘에서 쉴 수 없을 것임을 알면서도 심어놓은 나무였다. 낭만 세대는 그 나무 그늘 아래에서, 통기타를 치고, 민주주의를 토론했다. 전쟁의 폐허에서 시작해 한강의 기적을 만들어낸 부모 세대가 심어놓은 나무였다. 이제 질문에 답할 시간이 다가온다. 낭만 세대는 다음 세대에게 어떤 나무인가?

세대 갈등을 넘어설 방안은 세대 공감이다. 낭만 세대에게 그것은 어쩌면 의무이며 윤리다. 세대 공감은 세대의 서사를 듣고, 그 서사가 흐르게 하는 일이다. 그들의 부모 세대는 때로 피며 전쟁의 상처를 이겨냈다. '함께'라는 공감의 언어는 부모 세대로부터 흘러온 삶의 지혜였다. 깍두기 놀이 문화는 부모의 뒷모습에서 배운 공감의 윤리이자 삶의 본질에 닿아 있는 낭만이었다. 자식 세대에게 흘려보내야 할 시간이다.

낭만 세대라는 이야기는 공존의 상상을 시작해야 한다는 명령문이다. 부모 세대는 삶이 빈곤한 생존의 세대였고, 자식 세대는 희망이 빈곤한 생존의 세대다. 두 생존 세대 사이에 낭만 세대가 있다. 낭만 세대는 생존 세대들에게 빚이 있다. 기억해야 하며, 물려주어야 한다. 사회적 자원을 모두 독식하고 떠나는 위선적 노인들로 기억될 수는 없다. 답은 쉽지 않을 것이다. 괜찮다. 낭만은 답을 모른다. 낭만은 비현실적 질문으로 본질을 찾으려는 태도다. 질문을 시작한다. 공존의 상상은 어떻게 가능한가?

모든 삶은 이야기다. 이야기에는 정답이 없다. 우리는 정답을 알기 위해 사는 것이 아니다. 묻고 듣고 공감한다. 공감하고 다시 묻는다. 할 수 있는 것은 그것뿐이다. 어떤 삶이 진실인지 우리는 영원히 모를 것이다. 다만, 어떤 질문들은 물음을 갖는 순간 이미 아름답다.

누구나 다 진실을 볼 수는 없지만, 진실일 수는 있다.

―프란츠 카프카

낭만 세대
워크맨을 듣고 회수권을 내던 낭만의 아이들이 걸어온다

초판 1쇄 인쇄 2025년 9월 22일
초판 1쇄 발행 2025년 10월 1일

지은이 이동직

편집 김소원 이희연 정소리 | 디자인 이정민 이원경
마케팅 김다정 박재원 | 저작권 박지영 형소진 주은수 오서영 조경은
브랜딩 함유지 박민재 이송이 박다솔 조다현 김하연 이준희 복다은
제작 강신은 김동욱 이순호 | 제작처 한영문화사

펴낸곳 (주)교유당 | 펴낸이 신정민
출판등록 2019년 5월 24일 제406-2019-000052호

주소 10881 경기도 파주시 회동길 210
문의전화 031.955.8891(마케팅), 031.955.2692(편집), 031.955.8855(팩스)
전자우편 gyoyudang@munhak.com

홈페이지 www.gyoyudang.com
인스타그램 @gyoyu_books | 트위터 @gyoyu_books | 페이스북 @gyoyubooks

ISBN 979-11-94523-88-8 03300

· 교유서가는 (주)교유당의 인문 브랜드입니다.
  이 책의 판권은 지은이와 (주)교유당에 있습니다.
  이 책 내용의 전부 또는 일부를 재사용하려면 반드시 양측의 서면 동의를 받아야 합니다.